空き家対策の処方箋

利・活用で地域・都市は甦る！

玉木賢明 著
（弁護士・空き家相談士）

日本地域社会研究所

コミュニティ・ブックス

まえがき

平成27年2月26日に、空家等対策の推進に関する特別措置法（以下「空家対策特措法」と略称します）が施行されました。

これは、長年にわたり、日本国中に増加著しい空き家、とくに〝廃屋〟に近い建物が何らかの形で近隣に迷惑・悪影響をおよぼしてきたことに鑑みて、立法されたものです。

空家対策特措法は端的に言えば、そのような廃屋と呼ばれる、「特定空き家」を、公権力（自治体の力）をもって除却（取りこわし）することを認めるというものですが、これは、ひるがえって考えれば「特定空き家」と認定される前の空き家を有効に利・活用できる〝前向き〟の法律でもあると考えられます。

また、除却されることにより、敷地の有効活用にも資するということもあります。空き家の「利・活用」という面は、資源の無駄使いを控えて効率化を図ろうということになりましょうし、廃屋の取りこわしという面も経済の活性化、ということにつながることになりましょう。いずれにしても、同法の趣旨を調和的な経済の発展につなげないといけないと思います。

このようにして資源が有効に活用され、社会の経済の発展促進が一層図られることが切に望まれるわけです。

本書におきましては、前記をふまえて真剣に空き家問題を考えないといけない時代になった、ということを読者諸兄に認識していただければ幸いであると思います。そのようなミッションあふれる空家対策特措法ではありますが、本書が、そのミッションをいかほどお伝えできるか、はなはだ心もとないのですが、読者諸兄の叱責に堪えつつ、いかほどかの貢献ができれば、と考える次第です。

平成29年8月

玉木賢明

目次

第１章

空家に関する特別措置法の概要

1．空家等対策の推進に関する特別措置法の制定

平成27年2月26日に、空家等対策の推進に関する特別措置法（以下、略して「空家対策特措法」）が施行されました。これから、空家対策特措法に規定されているもののうち、とくに重要な内容について説明しましょう。なお、空家対策特措法の全文については、末尾の条文を参照してください。

（1）空家対策特措法の目的（同法第1条）

①立法背景

総務省の調査によれば、空き家は、年々増加しています。平成25年時点で、全国に約820万戸、空き家率は、約13・5％です。その推移については、総務省の発表の資料①を参照してください。一目で、その深刻な推移が読み取れるでしょう。

ところで、この空き家の増加の傾向は、単に地方だけに限ったものではなく、都市部にお

いても同様です。しかし、地方と都市部（とくに、東京）とは深刻度のレベルが違います。もちろん、地方がより深刻なのです。空き家の増加は少子高齢化が大きな原因の1つとなっています。「地方なくして都市部なし」だと筆者は考えております。都道府県別の空き家率については、資料の②を参照してください。

しかし、いずれにしても、このような空き家を将来においても放置することは、防災や衛生の点で問題があることは明らかです。地域の住民の生活環境に深刻な影響を与えかねないものです。

また、当該地域の景観の点からしても、決して望ましいものではありませんし、近隣の土地、建物の不動産価格を下げる要因にもなります。そこで、これらの諸問題を解消すべく、一定の場合には、空き家を除却、撤去することに法的根拠を付与する必要性が高く認識されるにいたり、今回の空家対策特措法が成立したのです。それに付随して、空き家の跡地の有効活用が促進されるということも期待されています。

東京都内でも、20年、30年とずっと空き家になっている家が、たくさんあります。これらは、できるなら早期に取りこわして、新たな土地の活用につなげたいものです。誰だって、空き家をそのまま放置したい、とは考えていないでしょう。

②条例との関係

今回の空家対策特措法が成立されるまでの間にも、前記のような空き家の諸問題は起きており、各地方公共団体（都道府県、市区町村）がいわゆる空家条例を制定することで、とりあえずの対策を行なってきました。

条例という言葉自体、あまり馴染がないかも知れませんが、自治体の自主、自治法というべきものです。もっとも、条例はあくまで、各地方公共団体がそれぞれ独自の検討をしたうえで個別的に制定されるものであり、とうぜん各条例によって、その内容はことなるものでした。

しかし、先の空家対策特措法は、従来、各地方公共団体によって取扱いが異なっていたものを国の法律として画一的に規定したものです。

法律と条例との関係においては、前者が後者に優先します。だから、これまでの空き家問題について国としての取扱いを画一的に定めたもの、ということができます。これにより、今後、各地方公共団体としては、空家対策特措法の内容にしたがって、それまでに定めていた各条例の内容を随時変更していくことになるでしょう。

※ここで、あらためて申し上げたいのは、法律がないところ、条例で決めても良い、ということの認識を読者のみなさんは持たれていいということです。空家対策特措法ができた以上、説明する意味はあまりないのですが、法律がないところでは、自治体が条例で定めても、とりあえずは、ＯＫなのです。

条例も地方議会という民主的な機関で作られたものなので、その地方だけに通用するルールを策定するのは何ら問題ないというわけです。しかし、法律ができたあとは、そういうわけにはいきません。国の法律です。だから、全国一律が大原則です。

（2）空家の意味（同第2条）

①空家対策特措法上の定義

そもそも空家対策特措法上、

空家等→建築物、または、これに附属する工作物であって、居住、その他の使用がなされていないことが常態であるもの、および、その敷地（立木、その他の土地に定着する物を含む）

特定空家等↓そのまま放置すれば倒壊など著しく保安上危険となるおそれのある状態。著しく衛生上有害となるおそれのある状態。適切な管理が行われていないことにより、著しく景観を損なっている状態。その他周辺の生活環境の保全を図るために放置することが不適切である状態にある、と認められる空き家等と定義されています。平たく言うと、特定空家等は、廃屋であり、それまでに至らないのが空家等と、とらえていいかと思います。空家が、特定空家とみなされる段階になると、所定の手続きを経て、取りこわし（「除却」）が許されることになります。

※読者のみなさん、特定空家等とされるまで空き家を放置すると、経済面でも、税制面でも、ロクなことありません。だから、損のないよう前向きに対処しましょう。空き家の様相については、まだ使用できる空き家から、倒壊の恐れがある空き家まである、ということです。その段階（レベル）に応じて臨機応変な対応が求められます。

②基本指針

なお、現時点における、空家等の定義に関しては、平成27年2月26日の国交省からの告示（「空家等に関する施策を総合的、かつ計画的に実施するための基本的な指針」）がある程度参考になると思われます。

具体的には、居住、その他の使用がなされていないこと、については、建築物等の用途、建築物等の人の出入りの有無、電気、ガス、水道の使用状況、および、それらが使用可能な状態にあるか否か、建築物等およびその敷地の登記記録、ならびに、建築物等の所有者等の住民票の内容、建築物等の適切な管理が行われているか否か、建築物等の所有者等による、その利用実績についての主張等から、客観的に判断されるべき、とされています。

そして、空家等の中に、近隣住民に諸々の不安を感じさせるまでに至る、特定空家等がある、と理解されればいいと思います。

一、二軒離れていれば、危険を感じることは少ないと思いますが、景観という面から考えると、見過ごせないですよね。

③空家等の管理（同第3条）

とうぜんのことではありますが、空家等の所有者、管理者は、その空家等について適切に管理するよう努めなければなりません、というより、務めるべきだ、という努力目標ですね。

ここでの管理内容については、様々なものが考えられますが、結局、それは常識的に考えて人が、将来、住むかも知れない代物であれば、きちんと施錠して部外者が侵入しないように予防、保全する、というのが代表的措置でしょうか。

所有者等がこのような適切な管理を行なわない場合こそが問題となるのであって、まさに空家対策特措法は、それを念頭に制定されたものです。

その意味では、前記の管理努力規定については、社会的常識を確認したものといえます。社会的常識というものが崩壊しつつあると思われる現代、ひょっとしたら、それは決して生易しい努力目標ではないかも知れません。

④空家等に関する調査（同第9条）

市町村長は、空家等の所在、および、所有者等を把握するため、必要な調査ができます。具体的には、必要な限度において、空家等に直接立ち入っての調査（立入調査）ができます。

もっとも、この立入調査が行政側に勝手に行なわれることを防止するため、原則として、５日前までにその所有者等への通知が必要とされていると共に、実際に空家等に立ち入る者については、身分証明書の携帯が要件とされています。

身分証明書も平気で偽造される現代社会です。とりあえず、調査される側は、その点も注意した方がいいかも知れません。

⑤空家等の所有者に関する情報利用（同第10条）

市町村長は、空家等の所有者等の特定を行なうため、関係する地方公共団体の長、その他の者に対して、その必要な情報の提供を求めることができる、とされています。

具体的には、空家等の不動産登記情報については、法務局長にその提供を求めることができ、空家等の電気、ガス等の使用状況等については、電気、ガス等の供給事業者にその情報提供を求めることができることになっています。

また、従来、固定資産税の納税者等に関する固定資産課税台帳については、地方税法第22条により、同台帳に記載された情報を空家等対策に活用することは、秘密漏えい罪に該当するおそれがあり、原則としてできないものとされてきましたが、同台帳記載事項は、空家等の所有者等を特定する上で有力な手段であることは明らかですから、その観点から、今回の空家対策特措法により同台帳記載事項の活用が可能になりました。

⑥空家等に関するデータベースの整備（同第11条）

空家対策特措法により、市町村長は、空家等に関するデータベースの整備や、空家等に関する正確な情報を把握するために必要な措置を講ずることとされています。

たとえば、空家等の所在地を一覧表にしたり、地図上に示したものを市町村の内部の部局間で常時確認できるような状態にしておくなど、空家等の所在地について市町村内の関係部局が情報共有できる環境を整備するように、と要請されているのです。これらのデータベースには、空家等の所在地、現況、所有者等の氏名を記載することが考えられますが、これに加えて空家等のうち、とくに問題となる、特定空家等に該当する旨、ならびに、市町村長による当該、特定空家等に対する措置の内容、および、その履歴についても併せて記載することが重要です。

ところで、このデータベースに関しては、空家等の所有者等の了解なく市町村内から漏えいすることがないよう、その取扱いには細心の注意を払うこととされています（個人情報保護法の観点)。実際、空家対策特措法の成立に伴って、ある不動産業者が事実上の空家の所有者に対し、その所有者の責任をことさら過剰に通告する旨のダイレクトメールが送られたりする問題も、すでに発生しており、ここでの情報が外部に流出されないよう厳密に管理されなければならないですね。

また、空家対策特措法が成立する以前から、各地方公共団体等においては、空家バンク(空家物件情報を地方公共団体のホームページ上等で提供する仕組みのことで、実際には地方の空家への移住の際に活用されているようです)の制度、システムが活用されており、上記データベースの整備に関しては、これらの空家バンクと連携、協力していくことも重要です。

空家バンクについては、資料③を参照してください。

⑦特定空家等に対する措置(同第14条)

今回の空家対策特措法上、最も重要な規定といっても過言でないものが、特定空家等に対する措置です。

具体的には、特定空家等について、市町村長は、次の各措置を取ることが可能となりました。

※なお、これらの措置を取る最前線は、市町村ですが、都道府県は何をするかというと、各知事が市町村が講ずる措置について、援助、情報提供などをするというサポート機能を果たすことになっています。

（ア）助言・指導

市町村長は、前述の調査の結果を踏まえて、特定空家等の所有者等に対し、除却、修繕、立木、竹の伐採、その他、周辺の生活環境の保全を図るために必要な措置を取るように助言、または、指導することができるようになりました。

また、一部の自治体には、取りこわしの費用の8割が補助されるというところもあります（資料④）。ここでの、助言、指導とは、態様としては、通常は柔らかな文書です。

（イ）勧告

市町村長は、（ア）の助言、または、指導をしてもその状態が改善されないと認めるときは、適切な猶予期限を設けた上で、所有者に対し、除却、修繕、立木、竹の伐採、その他、周辺の生活環境の保全を図るために必要な措置を取るよう勧告することができるようにもなりました。

なお、（ア）の助言、指導と（イ）の勧告とはどう違うかというと、勧告を受けたあとも保全措置を取らないと所有者は、税制上、居住用建物のある土地に対する課税上の優遇措置が取られなくなる、ということです。

ここで、税制上の優遇措置ということに具体的に触れますと、次のとおりです。

（i）居住用建物がある場合は、土地については現行税制上、２００㎡以下の部分については、固定資産税の課税基準の１／６、２００㎡を超える部分については同じく、１／３の固定資産税で済みます。ところが、

（ii）特定空き家と認定されかねない状況に至ると、建物が存在しても更地評価されてしまうのです。更地評価というのは、説明するまでもなく、真っさらな土地だから高い評価を受けるわけです。後掲の特措法第15条を参照してください。

そのような土地・建物の所有者としては、ちょっとどころか、大いに困りますね。残念ながら、昨今は、たくさん稼いで、たくさん税金を払いたい、という気分にはなれない時代です。

（ウ）命令

市町村長は、（イ）の勧告を受けた者が正当な理由なく、その勧告に係る措置を取らなかった場合、とくに必要があると認めるときは、相当の猶予期限を設けた上で、所有者に対し、その勧告に係る措置を命令することができます。

なお、市町村長は、この命令の際には、それに関する通知書を交付しなければならないと共に、その命令を受ける者に意見書、および、自己に有利な証拠提出の機会、即ち、止むを得ない事情で放置せざるを得ない等の釈明機会を与えなければならないとされています。

つまり、所有者に反論の機会を与えなければならないわけです。

これとの関係でいえば、勧告を受けた場合も、それにより、そく、税務上の不利益を課される、ということはない、と考えるべきですね。

ところで、このような命令は市町村長としては、かなり腰が引ける措置かも知れません。市町村長としては、できるだけ少なくとも（イ）の勧告の段階で済ませたいというのが人情（？）であり、命令というのは高圧的な印象があり、したがって、波風を立てず、穏便（おんびん）に済ませたいでしょう。

（エ）代執行

市町村長は、（ウ）の命令をしても、その命令を受けた者がその措置を履行しないとき、履行しても十分でないとき、または、履行しても期限までに完了する見込みがないときは、行政代執行法、という堅苦しい印象を持つ法律の規定にしたがって、自ら義務者のなすべき行為をし、または、第三者をしてこれをさせることができます（後述２．に詳述）。

わかりやすく言えば、命令をしてもそれが履行されない場合、市町村長が行政代執行法にしたがって自ら、特定空家等を取りこわすことができる、ということです。この段階になると、実際、空家にはその命令を受けた所有者自身が、かなり無責任かつ不誠実である、という場合も多いかも知れません。なお、除却の実状については、資料④を参照してください。

ただし、実際に市町村長が代執行まで行なうかどうかについては、（ウ）同様、事実上様々な制約が懸念されます。というのも、代執行にかかった費用は、所有者に請求することになっています。だから、たとえば、そこでの費用を特定空家等の所有者から回収できない場合に果たしてかかった費用のために税金を投入すべきものかどうかの悩ましい判断を迫られたり、代執行の実行後に所有者から財産権の侵害を理由として訴訟を提起されたりする場合のリスクを心配しなければならないからです。

しかし、前者の「税金→回収」の点の躊躇（ちゅうちょ）は、もっともなことかなとも思いますが、後者の訴訟の点については、市町村はそれにひるむことなく毅然と対応すべきでしょう。

2. 行政代執行の詳述

空家対策特措法の箇所で述べてきたとおり、同法の最も重要な規定と考えられるのが特定空家等の除却、つまり行政側の判断により、その執行手続きを強制的に行なうことができる（行政代執行）というものです。

そこで、ここでは、そもそも行政代執行とはどのようなものかにつき、あらためて説明しておきます。

（1）行政代執行とは

そもそも行政代執行とは、最も基本的な行政上の義務の履行確保手段であり、行政代執行法により規律されるものです。

※なお、条文の掲示は本書では、あえて控えることとし、条文の指摘に止めておきます。

（2）行政代執行の要件

行政代執行法上の要件としては、

第1に、執行されるべき義務が法律（条例等を含む）により直接に命ぜられ、または、法律に基づき行政庁（地方自治体の長等。以下同じ）により命ぜられた代替的作為義務であることです（同法第2条）。

ここで、代替的作為義務とは、義務者本人以外の第三者にも行なわせることができる作為義務を指す概念であり、当該義務が義務者本人にしか履行できない義務である場合や当該義務が不作為義務である場合には、とうぜん、行政代執行によることはできません。

本人しかできない義務とは、たとえば、ある有名画家が画商と契約して画家がかくかくしかじかという独自の絵を描く、という義務を負った場合、その義務はその画家しか果たせないです。だから、本人しかできない義務となるわけです。有名画家になりすまして絵を描き、お金儲けができたらいいな、とは思いますが。

不作為債務（義務）とは、ある行為をしない義務です。たとえば、法律的に、ある人に対する嫌がらせ（ストーカー行為）をすることは良くないことなので禁止されるわけですが、そのような義務を他人が本来の義務者に代わって果たす、ということができるわけがありません。

第２に、行政代執行以外の他の手段によっては当該義務の履行を確保することが困難である、という場合でなければなりません。前記の他の手段の例としては、行政指導（行政手続法第２条６号）や行政刑罰（建築基準法99条１項等）があげられますが、行政代執行は、それらの手段によって行政上の義務の履行を確保することができない場合にのみ許されることになります。

第３に、当該義務の不履行を放置することが著しく公益に反すると認められることが必要です。違法な建築物の除却の場面をたとえると、同建築物の倒壊等により周辺住民の生命、身体、および、財産に危害をおよぼすおそれがある場合等には、前記要件が認められることになるでしょう。慣れた近隣者であれば、注意して付近に接近、通過することでかなり危険は避けられるでしょうが、そうでない場合は、地震の多発、ということも併せ考えると、なかなか油断できません。

（3）行政代執行の手続き

①戒告

代執行の手続きとしては、まず、行政庁が義務者に対し、文書により義務の履行を促す戒告を行ないます（行政代執行法第3条1項）。戒告は、義務者へ代執行が行なわれることを事前に通知するためのものであり、また、義務者に義務の履行を督促する機能も有しています。

具体的には、戒告書を義務者に交付することにより行いますが、義務者が同書面の交付を拒絶する場合には、義務者に対し、同書面を内容証明郵便により郵送することによって行うこともありえます。戒告書には、除却対象建築物の所在地、義務者が履行すべき義務の内容、履行期限、同建築物内の動産の取扱い等について記載されます。

②代執行令書による通知

義務者が戒告を受けても義務を履行しない場合、行政庁は義務者に対し、代執行令書をもって、代執行をなすべき、時期、代執行のために派遣する執行責任者の氏名、代執行に要する費用の概算見積額等を通知することとされています（同条２項）。

③戒告及び代執行令書による通知の省略

非常の場合、または、危険が切迫している場合において、前記戒告、および、代執行令書による通知をする暇がないときは、これを省略することができるとされています(同条３項)。

非常の場合、または、危険が切迫している場合とは、典型的には、違法建築物が倒壊寸前であり、戒告、および、代執行令書による通知を行っていたのでは、周辺住民の生命、身体、および、財産に対する危害を予防できない場合等が考えられます。いわゆる緊急避難ですね、危害の発生を待っていては本末転倒といえます。

④除却対象建築物内の動産の管理・処分

除却対象建築物内の動産については、行政代執行法上に規定がないのですが、実務においては、以下の手順により対処されているようです。

・まず、行政庁は、代執行令書において、除却対象建築物内の動産を代執行実施日以前に同建物外に移動させるよう通知し、同日に同建物内に残置されていた動産については、代執行に伴う措置として行政庁が保管、管理する。
・次に、行政庁は、義務者に対し、代執行期間中、または、代執行終了後、前記動産の引取りを催告する。
・それでも義務者が上記動産を引き取らなかった場合には、行政庁が同動産を処分する、という手順です。

⑤代執行費用の徴収

代執行が完了した場合、行政庁は義務者に対し、代執行に実際に要した費用の額、および、納期日を記載した文書を交付し、同費用の納付を命じることになります（同法第5条）。

義務者が任意に上記命令にしたがわない場合は、国税滞納処分の手続きにより代執行に要した費用を義務者から強制的に徴収することになります（同法第6条1項、国税徴収法）。

なお、除却対象建築物内に残置されていた動産の代執行終了後の保管、管理費用については、国税滞納処分の手続きにより、義務者から強制的に徴収することはできないとされていますから注意を要します。

（４）略式代執行

前記（３）が代執行の原則型ですが、建物所有者が確知できない場合は、公告をすることにより、略式代執行ができることになっています。つまり、建物所有者が分らないようなときは、無意味な手続きはふまなくてもいいということです。

官公署の掲示板には、その旨を掲示し、一定期間内に異議申立てがなければ代執行できる、ということです。

（５）「空家等対策の推進に関する特別措置法」

（平成27年法律第１２７号）の全文については、巻末を参照してください。

第２章

「空家等」に対する具体的対処方法

以上、「第1章」では、空家対策特措法を堅法律の観点から論じたものですが、この「第2章」では、空き家はどういう場合に生ずるか、それに対する対処法を少し検討してみます。

まず、土地とその上の建物の所有者が同一か、そうでないかに分けて検討してみましょう。

1. 土地と建物が同一所有者である場合

(1) 空き家の発生する状況

この場合は、次の場合に空き家となります。そして、それが特定空き家等と見なされる程危険が迫っているような場合は、何とかこれを防ぎたいものです。

①その所有者がどこかに行ってしまい連絡が取れない

所有者の氏名が分かる場合であって、近隣住民にとって行方不明者の捜索が必要な場合、その者の住民票の追跡をすることになります。

世間から姿をくらませないといけない事情がある、などのいわゆる、わけありの場合でなければ、普通の人は、転居後、住民票を移すのが一般的であり、したがって、住民票追跡は、現在の住居を探すのに効果的です。

②その所有者が死亡し、その相続人と連絡が取れない

所有者の氏名が分かる場合であって、近隣住民にとって必要であれば、①と同様に戸籍、住民票の追跡をすることにより、相続人を捜索することで、空家処理の糸口を見付けることが可能となります。

③その所有者が死亡したものの、相続する人がいない

この場合は、不動産は国庫に帰属するわけですが、近隣住民の通報をきっかけとして、場合によっては、特定空き家等とされ、除却されることになりましょう。国庫、というのは、要するに、それらが国の財産となるという意味ですが、これは相続人全員が相続を放棄したときはどうでしょうか。

相続することを放棄すれば、その人は、最初から相続人ではなかったことになる、とされますので（民法第９３９条）、相続人全員が相続の放棄をすれば、相続人がいない場合、となって、端的にその不動産は国庫に帰属するのではないか、というようにも考えられるのです。

たしかに、相続人ではなくなるのですが、放棄者は自ら不在者の財産管理人を選任するなど面倒な手続きを踏まなければ、それまでの間、事実上の所有者でいなければなりません。変な話のようですが、法務省民事局の通達で、そう指導されているのです。資料⑤を参照してください。

ここだけの話ですが、この仕組みは考えようによっては、庶民泣かせという感が否めません。私の個人的な仕事の経験上の話ですが、倒産会社の売れない工場の処分に関して似たようなことがありました。処分できない間、約2年間も固定資産税を負担させられたことがありました（ガックリ！）。

(2) 住民票等の追跡方法

住民票は、一般の第三者が取得することはできないため、弁護士に依頼することが一般的ですが、他の7業士（司法書士、土地家屋調査士、税理士、社会保険労務士、弁理士、海事代理士、行政書士）も取り寄せることが認められています。

住民票の追跡方法としては二つあります。

一つは、該当空き家の住所地の市区町村に所有者の住民票除票を請求し、転居先の住所を調べ、その転居先の市区町村に住民票を請求する方法です。しかし、さらに、そこから別の住所地に転居している可能性もあるため、あまり効率的ではありません。

もう一つは、戸籍の附票を取得することです。戸籍の附票とは、その戸籍が作られた時点からの住所の移動履歴を記録したもので、これを取得するためには、本籍地記載の住民票除票を請求し、本籍地の市区町村で、戸籍附票を請求することになります。この戸籍附票には被追跡者のすべての移転先の住所が掲載されているので、より確実です。

ちなみに、住民票追跡は、氏のみならず、名まで分かっていなければ取り寄せられません。しかし、そのような場合も土地ないし建物の所在地さえ分かっていれば、そこの不動産登記簿謄本を取り寄せることにより所有者名が分ります。だから、所有者にたどり着くことが可能です。登記簿謄本には、甲区欄に所有者が出ているからです。そのあとに住民票の追跡をすればいいのです。

住民票追跡等により対象者にたどり着けたら、近隣住民としては、義務ではないけれど危険な建物の除却につとめることになるわけです。なお、相続については、さらに、後記4．にやや詳しく論じたいと思います。

2. 土地と建物の所有者が異なる場合

(1) 賃貸借契約の存在

この場合、前提として、土地所有者と建物所有者との間には、通常は何かしらの土地利用に関する約束がなされています。

そして、その利用権は、通常、賃貸借契約（借地契約）であるので、まず、ここでは、実務上非常に重要な契約である賃貸借契約一般について、その概要を説明しましょう。

※ご承知のとおり、有償で目的物を使用収益させるものが賃貸借契約であり、これに対して、無償で目的物を使用収益させるものを使用貸借契約といいます（民法第５９３条）。

無償ですから、とうぜん、利用権者の保護は有償の場合より薄いわけです。単に好意で土地を使わせてもらっている者が所有者から、いざ出て行ってくれ、と言われたときに、利用者が居直り、居座ったりしたら貸主としては、たまったものではありません。

かりに居座るためには、それまで、それなりの代償を払っている、というのでないと、片手落ちなわけです。よく、居住権なんて簡単に言われることがありますが、無償の場合は、余程の事情がない限り、原則的にそのような権利はありません。そもそも、居住権という用語自体、法律用語ではなく慣用語にすぎません。

（2）借地借家法上の存続期間

民法にも賃貸借契約に関する規定がありますが、ここでは、借地、借家に関する特別法である借地借家法という特別法がありますので、それを見てみましょう。

（借地関係）
・最長期間についての制限はなく、当事者の契約により自由に設定できる。
・最短期間については30年とされており、これより短い期間は設定できない。
・期間を定めなかった場合、前記最短期間である30年とされる。

（借家関係）
・最長期間についての制限はなく、当事者の契約により自由に設定できる。

・最短期間については、1年未満のものは、期間の定めのないもの、とされる。

・期間を定めないことも可能であり、この場合に解約するには6カ月の猶予期間が必要とされる（なお、実際に明渡しを請求するには、後述するとおり、正当な理由が必要となる）。

なお、前記の期間は、あくまで借地借家法上の一般的な規定であるところ、さらに、それとは別に定期借地権や定期借家権等の特別の規定もあり、これらには賃貸借の期間についての特別な定めがなされています。（定期借地、借家権については、後述します。参照してください。）

(3) 空き家を背負わされた土地所有者（賃貸人）のなし得ること

このような借地上建物が空き家となるのは、一般的に次のケースです。

① 建物所有者がどこかに行ってしまい連絡が取れない。

② 建物所有者が死亡し、その相続人と連絡が取れない。

③ 建物所有者が死亡したものの、その相続人がいない。

等の場合です。これらは、基本的には、１．の土地と建物が同一人である場合と同様です。ここでも住民票、戸籍の附票、不動産登記簿謄本、等を取り寄せて糸口をつかむことになります。

この後の措置については、

(ア) 借地契約の解除（後述３．の定期借地権ではなく、主に普通借地権の場合）

借地権者が行方不明になるような場合は（前記①の場合）、すでに、地代不払いが長期にわたり続いている、すなわち、債務不履行状態が続いているでしょう。だから、裁判の手続きを通じて、借地契約の解除を求めるのが一般的です。

○建物収去・土地明渡請求訴訟

日本は法治国家ですから、権利を実現するには基本的には事実上、裁判の手続きに頼らざるをえません。事前に合意がなされていても、そのことについての国からのお墨付き、すなわち、判決をもらわないと、自分の判断のみで目的を実現できないのです。

これは、その合意書がじつは、偽造されたものかも知れないので、中立の第三者である裁判所に、その正当性を判断してもらうのが無難だ、ということです。建物の収去を求める場合は、取りこわし、明渡の費用のことを考えると、なおさらです。

本来なら自分で費用を負担などしたくないですが、やむをえず、収去の費用を出す場合は、やはり、その許可を裁判所からもらった方が無難です。

○行方不明者を相手方（被告）とする訴訟の仕方
a．取り敢えず、相手方の直近住所宛て訴状送達
b．行方不明だと、通常、訴状は受け取られないので公示送達という手続を利用して法律（裁判所）により相手方に送達されたものとみなしてもらい、判決をえるということになります。
公示送達とは、裁判所の掲示板に訴状を文字通り、公示するという方法です。公示されて一定期間（2週間）経過すると、かりに被告たるべき土地賃借人（建物所有者）が何もしなくとも訴状が送達された、という効果が認められるのです。
送達されたとみなされると判決も不意打ちにはならないということで合法となるのです。要するに、法律の執行という場面では、不意打ちはよろしくないということなのです。面倒ですが、仕方がありません。できるだけ、裁判の手続きに、誤りが生ずることをなくそうという民主国家の姿勢なのです。日本はそういった意味では、じつに立派な国です。近隣諸国

も見習って欲しいです。

(イ) 解除についての仲介業者等プロの助言

たとえば、土地賃貸契約を仲介した業者には、土地所有者から、前記①～③のような困った状態についての相談をされた場合、法律関係の不安定な状態の解消を図るため、諸々の助言をしてもらわなければなりません。

そのためには、少しでも本書が、たとえば、宅建士のみなさんの参考となれば幸甚です。宅建業者は、最も現場に近いです。だから、頑張っていただきたいところです。それが利害関係人にとって、あるいは、関係者にとって経済的にメリットがある場合でなければ、塩漬けになる可能性があるわけですが、だから、そうなる前に打開策を検討しなくてはならないのです。

(ウ) 解除後の手続き

ａ．裁判でお墨付きを得たあとの強制執行

末払地代に関する損害賠償金と対象建物の価値との比較考量の問題、となるか？

前者が後者を上回る場合は、土地所有者の悩みはやや少ないですが、その逆の場合が困ります。特定空家等という段階に至らない場合が多いでしょう。しかし、いずれにしても、土地所有者が自腹で建物を収去しなければならなくなるので、それにかかる費用を上回る経済的な価値を生む場合でなければ、放ったらかしにされた建物の収去作業は土地所有者にとって割に合わないということになります。

b．特措法に基づいた行政府による強権発令の陳情

前記a．を考えれば、対象建物が特定空家等に該当する、と判断した場合、土地所有者は自治体に対し、特措法に基づく建物の除却を申し出ることも一考です。要するに、自治体は、公共の福祉に貢献するために存在するのです。だから、大いに貢献していただきたいところです。自治体の仕事は決して少なくないのでしょうが、他事業に補助金をばらまくだけでなく空き家対策にも、もっと目を向けて欲しいところです。

すなわち、除却費用の補助金制度が各自治体で実施されてはいると伝え聞いていますが、除却対象にいたらないまでも、一定の要件（つまり、このままだと近々、除却対象になること必至）をみたせば、改修費の一部補助、ということも考えていただければありがたいです。

3. 定期借地権の活用

これは、普通借地権規定の適用による、これまでの弊害を是正するために、平成４年に借地、借家法に追加立法されたものです。

(1) 定期が立法されるに至った経緯

法格言として、契約自由の原則というのがあります。しかし、この原則は、弱者保護という行き過ぎた政策により、かえって所有者（賃貸人）の権利を過度に制約してきたというのは紛れもない事実だと思います。

つまり、賃貸借契約において、期間を定めたその期間経過後であってもそれとは別に、正当な理由がなければ賃貸人は契約関係の解消ができない、とされてきたのです。これはあえて言えば、賃借人とは元々弱い立場にあるのだ、という発想に基づくものですが、いまや、それは、迷信である、とすら言える場合が多くなりました。

約束の時期が来ても簡単に賃貸物件を返してもらえなくなっていたのです。それにより、いわゆる、ゴネ得が横行したのです。

つまり、貸主としては、それまで受領した賃料総額以上の立ち退き料を支払わなければ借主に立退を要求する正当な理由が不十分だ、として、土地なり、建物を中々明渡してもらえない、という理不尽なことが多々ありました。このようなことを是正するために、同制度は立法されました。

つまり、定期借地法は（定期借家法もそうですが）、所有者と借主の利害関係を本来あるべき姿に近付けて適切に調整するものだ、と評価されています。

※とは言いながら、弁護士というのは、ジキルとハイド的なところがあるということを一応お断りしておきます。貸主の側にも借主に対して無理強いをする、ということもあるようなので、じつのところ、実態は千差万別なのです。

借地、借家契約を定期と定めれば、その期限がくれば確定的に、かつ、何らの補償金（立退料）を支出することなく、所有者（貸主）は借主に、土地ないし建物の明渡しを求めることが可能になりました。

実際には、それを実現するには裁判の手続きが必要となることもあるでしょう。貸主が簡単に応じてくれない以上、ここでも裁判の手続きに頼らざるをえないのです。しかしながら、この約束、取り決めがあるとないとでは事案の解決速度に雲泥の差があります。定期であれば、少々時間がかかることがあるだけで、また、所有者は少なくとも決定的なダメージを受けることなく、引渡し、明渡しをしてもらえる、と言えるからです。

今後は、定期借地、借家契約を活用することにより、すなわち、それなりの（少なくとも「高すぎる」）立退料の提供が正当な理由の一つとして求められることが少なくなるわけです。そうなると、たとえば、集合住宅で、不確定なままでの部分的空家の存在が避けられ、ひいては、定期制度の活用が空き家解消対策の一助となるということです。また、このことは、商業地域では、なおさら、言えることであり、再開発予定地域となる可能性が高いところでは、今後、新規に賃貸借契約を交わすときは、必ず定期にすべきでしょう（土地、建物を問わず）。

もっとも、定期ということでは借手が付きにくい、ということもありますが、そこは交渉次第です。たとえば、契約締結時、いったんは定期にするけど、満了に際しては事実上継続する方向での協議もできますよ、という具合にすることも可能です。

実務的にも、「第○条　この期間満了に際しては、とうぜん更新とはしないが、あらためて、その後の賃貸借の内容について協議することができる」、とすることは多々あります。

借地、借家法のうち、定期借地借家に関する部分の全文ついては、巻末を参照してください。

4. 相続関係とのしがらみ

空家を相続した人がぜひ知っておくべきことを以下に述べましょう。

(1) 相続（この悩ましい人間社会のシステム）

かなり古い話ですが、明治憲法下では、長子（長男）単独相続制度だったのですが、終戦後、良くも悪くも、みなさん平等、ということになり、兄弟姉妹の相続分も、均等になりました。すなわち、現在では、被相続人の配偶者は相続財産の2分の1を、子らは合わせて2分の1を、夫々相続することになっています。その結果、幸か不幸か、兄弟姉妹が自己主張の応酬をするようになったのです。親子間の争いも、もちろんあります。親子の争いは、見ていて兄弟姉妹の争いより、さらにつらいものがあります。その意味は争い方のひどさ、というより、一親等間の争いの悲しさ、ということです。

相談を受ける私共としては、親子でもっと仲良くしてください、と思うんですが、どういうわけか、最近は、親族間の絆が弱くて私も弱ります！
次に、その状況を少し掘り下げてみましょう。

（2）相続による関係者数の増加

相続というのは、権利関係（当事者の複数化）が複雑になるので面倒です。ある建物（特定空家等であろうと、それ以外の空家等であろうと）の所有者に関して、相続人がいない場合は、さほど、空き家対策としては、苦労はありません。前述のとおり、それは国庫の問題だからです。国が何とかしてくれるわけですね。

苦労するのは、相続人が数人いて、分割協議が整わない場合です。協議できない場合もいろいろありましょうが、たとえば、相続人の一人が所在不明であるというような場合がありますます。他の相続人は、裁判所にその所在不明の相続人のために不在者の財産管理人という者を選任してもらうよう申し立てなければなりません。

近隣住民、あるいは、関係業者としては、適宜、専門家の助力をえるべき、相続人にアドバイスしてあげた方がいいですね。

相続人間の仲が良いか、悪いか、が空家の処置、処分に大いに影響します。

権利主張の衝突……とくに相続で問題になるのは、

ア．不動産の評価についての争いがある〈後記（３）④参照〉

イ．被相続人の死亡前に相続人の一人が他の相続人と区別されて生前贈与を受けていた（特別受益）

ウ．相続人の一人が被相続人の預金を勝手に処分していた

エ．老親（被相続人）と同居し、老親の財産形成に貢献してきた、老親の身の回りの世話を一身にやってきた、だから、同居の相続人が他の被相続人より取り分が多くてとうぜんなどという場合です。

相談を受けた仲介業者としては、早急に調停の申立等のアドバイスをすべきでしょう。そうしないと社会的にも、自分たちの経済面においても損失だ、ということの力説が大切です（雑然とではありますが、本書に、その損失面が述べられていますので、参照してください）。

次にア～エを掘り下げてみましょう。

ア．の場合、相続財産の額自体が変動することになるので、争いが起こるのは、とうぜん

と言えばとうぜんです。不動産は持てば持ったで苦労があるようですが、やはり、相続した時点での時価、というのが第一の関心の的でしょう。

イ．の場合は、たとえば、相続人の1人が生前贈与を受けた場合、それが何年前であっても相続開始時に、相続財産に持ち戻しされるというのが民法の規定だからです（民法第903条…特別受益者）。これにより、相続財産額が計算上増えることになります。

しかし、このことも、もらった、もらわないで、じつは争いになるんです。被相続人の預金通帳の不開示であったり、被相続人に対して、高いお金を貸し付けたことがあったので、それを返してもらっただけだ、とかいう申し分があったりするものです。

ウ．も基本的には、まったく、イ．と同様、と考えていいです。年取った親の判断力が弱ったところに付け入って兄貴がチョロまかした、という、じつに下品な表現の争い要因が加わることもあります。

エ．の場合は、そもそも寄与分というものを計る公式がないので、事案によって落し所はバラバラです。老親の財産形成に貢献した、という場合は、それなりに計算しやすいのですが、親の面倒を見た、というのは評価が難しいですし、また、その場合の金銭的評価は裁判上もじつに低いです。親（被相続人）の面倒を一人でみた、というのは、気持ちは分かりますが、それを計る客観的な尺度がないため、無難に低く押さえられているのです。

面倒を見た、というのであれば、自らその功徳を誇りにするしかないかもしれません。

(3) 遺言の利用・活用

必要以上のトラブルを可能な限り防ぐには、何といっても遺言の作成が重要です。遺言は、是非とも公正証書の遺言が望まれます。自筆証書遺言だと、偽造だ、無理やりオヤジが兄貴に書かされたんだ！　オヤジは数年前からボケが入ってたから、遺言能力があったかどうかも怪しい！　などということになって、無用な争点を増やすことになるのです。

公正証書だと中立の公証人関与の下、遺言が作成されるので、相続人は、そのような文句が言えません。

ですから、とくに後期高齢者年齢を超えたら、客観的にご自分の将来を考えて、あとを濁（にご）さない、ということもお考え願いたいです。それが相続人（子供たち）のためです。

遺言というと、自分が死ぬことを前提にした書面作成だから嫌だ、という風潮が大勢を占めていると思うのですが、遺言を書かないことによる子らに対する災いということを客観的に考えてやるのが先輩の勤めでしょう。

こんな息子たちは、どうなってもいい！　と思うのでしたら、どうでもいい、ことかも知れません。

（4）相続にからむ税制

（2）にも少し関連しますが、相続人が相続により得た古い空き家、または、その除却後の敷地については、相続時から3年以内（正確には、3年が経過する日の属する年の12月末日まで）に譲渡した場合、譲渡所得から、３０００万円が特別控除されることになりました。

ここで、譲渡所得というのは譲渡代金から売主（被相続人）がその不動産を取得するに要した費用を差し引いたものです。つまり、それまでの譲渡代金から取得費用を控除する、という以上に、その特例で、さらに、３０００万円が控除されるというわけです。

これは、いまのところ、平成31年12月末日までの時限税制ということになっています。時限とは、文字どおり時間（期間）が限られているということです。

また、この特例を受けられるのは、被相続人が生前に居住用に使っていたことが要件であり、しかも、その建物が現行の耐震性がない場合は、耐震性あるものに改良するか、あるいは、取りこわして更地にするかして売却することが要件です。要するに、古い建物は、健全な建物とするか、何の心配のない、更地とすることが主な要件なのです。

この措置により、空き家の発生はいくらか防げるだろうという読みです。読みどおりいって欲しいと思います。また、様子見しつつ、将来的には、期間制限に融通をきかせて欲しいです。

そして前記より、むしろ重要な相続税制が平成27年の相続税の底下げです。端的に言うと、従来の基礎控除額を「10」とした場合、それが「６」にまで下げられたのです。

以前は、相続財産のうち、５０００万円が基礎控除され、さらに、相続人一人当たり１０００万円が控除されていた（つまり、相続人が２人の場合、５０００万円＋１０００万円×２＝７０００万円、が課税対象財産から控除されていた）のが、夫々、５０００万円が３０００万円に、１０００万円が６００万円に引き下げられ、控除額がこれまでの分の６割のレベルに引き下げられてしまったのです。

これによって相続税を払わなければならなくなる課税対象者が８割増えたそうです。どうしましょう！

相続財産は自分が築いたものではないけど、先代から受け継いだものだから大事にしたい、ということもありますよね。むしろ、国の支出を政府の大英断で抑えて欲しいところです。安倍総理、よろしくお願いします！

それでも、私の家は、まだ大丈夫、心配なし！

(5) 一物四価

(4) の制度の前提として、土地の値段の付け方がどのようになっているか、概観してみましょう。土地の評価には、次の4通りがあります。

(i) 実勢価格

これは、実際の過去の取引価格であったり、当事者間で実際に取引する価格であったり、と需要と供給の関係で、大きく変動するものです。

※ちなみに、私は、出身の長崎に、そこそこの広さの土地を持っていますが、そこは、じつは、東京の同じ広さの土地の10分の1の価値でしかありません。じつに惜しいです！

(ii) 公示地価

これは、毎年、１月１日時点の標準値の１平方メートル当たりの価格を国土交通省が３月に公表するものです。

対象地は、住宅地、商業地、宅地見込地、準工業地、工業地、市街化調整区域内宅地、市街化調整区域内林地、に分類されます。この地価は、１地点について、２名以上の不動産鑑定士が別々に土地を調査し、それらを基に国交省の土地鑑定委員会が決定することになっています。

(iii) 路線価

これは、公示地価、実勢価格や不動産鑑定士などの意見も参考に、公示地価の80％程度を目安に決定されます。これは、主に相続、贈与税の算出のときしか使われることはありません。

(iv) 固定資産評価額

これは、固定資産税の計算をするときに使用されます。固定資産評価基準という国が定めたガイドラインにもとづき、市町村が決定します。これは、地方税ですが、土地については、公示地価の約70％だそうです。

要するに、（ⅰ）～（ⅳ）の価格は、その番号が若い順に高い（もっとも、場所によっては実勢価格が公示地価より低い、という需要の少ない土地もある）と言えますね。固定資産税評価額は、そもそも固定資産税が毎年課税されるものです。

だから、タミ（民）のために基準額を低くしてあげようという、オカミ（お上）の思いやりでしょうか。

※「オカミ」は必ずしも「オオカミ」に非ず！

参考までに申し上げますと、相続問題で調停に係った場合、不動産の評価は実勢価格でも公示地価でもなく路線価による、という運用がなされています。そうすると遺産分割で土地を取得することになる相続人は、ちょっと得をする場合がある、ということになります。

しかし、不動産の価格は、乱世では浮沈が激しいです。だから、確定的なことは言えません。現金主義がいい場合もありますね。あ～、悩ましい！

第3章

特定空家等となる前の空家の利・活用

空家等が特定空家等となる前にどうすべきか。一部の特需景気を考えなければ、日本の経済は、楽観視してはいられない状態です。

では、どうしますか？　少なくとも無駄を最小限に喰い止めるということが有効です。

次では、それをもう少し掘り下げて考えてみましょう。

1．手入れ

男性も、女性も、そうですが、手入れをしないとアブナイことになりますよね、手遅れになります。空き家の手入れについて述べましょう。

(1) リノベーション（大小修繕）

特定空家等となる程の建物はもはや、修繕で済ますことはできません。そうなる前に所有者は是非、専門業者に資産の有効活用の相談をすべきでしょう。

往々にして相続財産である空き家の所有者は別に住いの本拠地を持っているものです。ですから、たまに空き家に風通しに来るということがあればまだしも、半年、一年あるいは、それ以上、空き家を放ったらかしにすることも多いわけです。

結局、それが特定空家等となれば、それまでの間の固定資産税が、まったく無駄になるわけであり、また、前記のとおり、優遇税制も受けられなくなりますし、いざ取りこわしのとき、余計な取りこわし費用がかかるわけです。だから、空き家の処置については真剣に考えなければいけないことです。

日常に流されるとあっという間にときが経ち、建物も人間と一緒でお化け（屋敷）になります、気を付けましょう。

⑵ コンバージョン（仕様変更）

仕様変更というのは、たとえば、元々居住用だったのを公衆の出入りする建物に化粧直しをしましょう、ということです。対象の建物毎の用途により、建築基準法の制約が異なりえるので、仕様を変更する場合は、変更後の建物基準に合致させなければならないという必要性がでてきます。

もちろん、この場合も、特定空家等となる前の決断が必要となります。特定空家等となったら、むしろ跡地利用の問題となります。

このコンバージョンというのは、主に個人の居住用であったものを公衆用にする、あるいは、公衆用の建物だったのを別の公衆利用目的に作り変える、というときに需要が生じてくることが多いようです。

参考のために申し上げれば、東京都新宿区に東京おもちゃ美術館というのがありますが、これは、元々学校であったものが廃校になったということで、主に子供たちの情操教育のためということで、物珍しいおもちゃをたくさん陳列して子供たちを楽しませているとのことです。

これは、コンバージョンの成功した代表事例と言えるかも知れません。都会だからこそ成功するのだ、ということも否めませんが、地方でも工夫次第で成功しえるし、むしろ、そうしなければなりません。

コンバージョンというのは、その地において昔から存在した建物（施設）が、もはやその存在意義を失ったからこそ無用になるわけであり、そうであれば、それを化粧直しして新たな需要を創出する物に作り変えることが重要な1つの選択肢になるということです。

このコンバージョンが空き家対策としては、最も大きな需要の掘り起こしにつながるものと考えられますが、それはこのあとの2．以下に紹介します。

(3) 宅建業法改正によるインスペクション制度（建物状況制度）の導入

（平成28年6月3日公布→平成29年4月1日施行）

前記（1）、（2）の作業の前提として、対象の物件が売買される場合に買主のためにどのような手当てがなされているか、というのがインスペクション制度です。

インスペクションとは、その英語の翻訳どおり検査ということですが、素人は分らない建物の質を消費者（購入者）のために、その不安を取り除くべく奉仕する役割、と言えます。

次に、この概要をみてみましょう。

インスペクション制度は、既存の中古建物取引時、購入者は、住宅の質に不安を抱いているわけですが、その不安に応じて対象の物件がどのような品質のものかを判定してもらいたいという需要があったということで導入されたものです。

それを受けて、購入予定者が希望すれば、宅建業者等は随時（媒介契約締結時、重要事項説明時、あるいは、売買契約締結時）、インスペクションをすることになります。

この際、空き家をどのように活用するか、というアドバイスを適切にしてもらえば、購入希望者も助かります。ちなみにインスペクションを行なうものは、建築士や施工管理技士などの公的資格者が多いですが、その他にもインスペクションに関係する民間資格者も可能とされています。

インスペクションに携わる者たちは依頼者に対し、その結果、報告をしなければなりません。これが誠実になされることにより、リノベーションもコンバージョンも十全に実施されえるものだということを考えると、大いに期待されるシステムです。

次にあらためて、利・活用の実際を紹介しましょう。

2. 各地での実例

ここでは、現実に各地方で取り組まれている例を通覧してみましょう。

(1) 滋賀県多賀町（集落の空き家を改修）

少子高齢化が進んでいる地域の活力維持、向上をめざして、滋賀県多賀町では集落の空き家を改修して地域の交流施設、地元大学生の学生寮として活用しているようです。いわばコンバージョンの一形態です。

聞くところによりますと、昔と違って、ここ近年、地方から東京の大学に行くために上京する若者が減ってきており、地元の大学に進学する者が増えてきているとのことです。それを考えると、地元大学の学生寮というのはイケますね。

ちなみに、近年では、国立大学も、私立大学も、授業料が値上がり傾向を示しており、その結果、地方の大学に就学する若者が多いそうです。東京一極集中を避けるには、それはそれで結構だと思います。

(2) 徳島県三好市(古民家を滞在型体験施設に改修)

徳島県三好市では、古民家を滞在型体験施設に改修し、NPO法人が管理運営しているとのこと。これは、コンバージョンであり、リノベーションでもあります。

(3) 新潟県三条市(歴史的建造物を改修)

新潟県三条市では、特色あるまちなみ保全をとおして、地域の賑わい創出、町中への移住促進につなげることを目的に歴史的建造物を改修し、創造活動支援施設を開設したそうです(これは、コンバージョン)。

これは、歴史的建造物の町屋を活用してアトリエ付き滞在施設にするというものです。これにより所期の目的が実現できることが切に望まれます。

(4) 鹿児島県大島郡(町が民家を借り受け、改修)

鹿児島県大島郡では、町が民家を借り受け、改修を行ない公的賃貸住宅として活用しているそうです。これはリノベーションの部類でしょう。

（5）奈良県宇陀市（元郵便局を民間有志により、当時に近い形に改修）

奈良県宇陀市では、空き家となった元郵便局を民間有志により当時に近い形に改修し、地域の雇用や交流の拠点となる地元物産販売やカフェレストランとして活用しているそうです。コンバージョンの一例です。

（6）高齢者等の住み替え支援事業

個別具体例の紹介ではないですが、高齢者等の住み替え支援事業というのもあるようです。これは、高齢者等の所有する戸建て住宅等を広い住宅を必要とする子育て世帯等へ賃貸することを円滑化する制度により、子育て世帯等に広い住生活空間を提供するとともに、片や、高齢者の生活に適した住宅への住み替えを促進することを目的としたものです。

適切な表現かどうかは分かりませんが、英語で言うと、マッチングですね。大いに社会的意義も期待できる事業と思います。資料⑥を参照してください。

高齢者の方々は子供たちと同居している場合はいざ知らず、そうでない場合は高齢者に適した住宅に住み替えていただき、その反面、それまで住んでいた住宅は自治体とか一般社団法人などが借り上げて、それを子育て世帯等に転貸する、この転貸料収入がその高齢者に入ってくる、というスキームです。

このスキームについては、高齢者が住んでいた建物を貸すに際しては運営団体が、たとえば、住宅金融支援機構から融資を受けて、耐震改修をすることも必要になります。そうすることにより、高齢者にとってもメリットがあり、子育て世帯もより広い住宅に住める、というメリットがある。

つまり、Ｗｉｎ―Ｗｉｎ（？）が実現できるということです。まだ歴史が浅い制度ですが、うまく活用したいものです。

3. その他の利用法

(1) 民泊としての活用（旅館業法等との関係）

民泊という言葉はもうみなさんも聞き覚えのあることと思います。妙な用語だ、という印象は否めませんが、要するに、大雑把に言うと、旅館などという昔からの大がかりな宿泊施設とは異なる小規模でやや決まりも緩やかな宿泊施設、という理解でよろしいでしょう。いわゆる、従来の旅館業者ではない人が、たまたま、遊んでいる建物を賃貸して、あるいは、利殖物件として既存建物を購入して人に賃貸して収益を図ろうとするものです。

旅館業法との関係で、民泊は、現在、限られた自治体の条例でしか認められていませんが、数多く我が国に訪れる外国人旅行者（インバウンド）の受け入れ需要の増大ということを考えると、立法化は、焦眉の急でした。とくに、東京オリンピックに対する準備ということを考えるとなおさらです。

そのような情勢・需要を背景にして平成29年3月に「住宅宿泊事業法案（民泊法案）」が閣議決定され、同年6月に参院通過、成立となりました。資料を本項の末尾に添付します（資料⑦）とともに末尾に「住宅宿泊事業法」の全文を紹介します。

ところで、民泊は、利用者が、そこそこ、マナーを弁（わきま）えている日本人である場合は、心配は少ないのですが、外国人旅行者である場合は、〝旅の恥は掻き捨て〟となることが危惧され、その点でも、従来の旅館業者さんたちと意見ないし利害が対立するところなので、合理的な調整、住み分けが必要でしょう。

旅館業法がいかなる内容をもっているのか、を論ずるのも重要だと思いますが、本書の目的は、旅館に代わる宿泊施設である、民泊制度にむしろ注目したいので割愛します。

民泊は、これまでも限られた地域で認められてきております。これは、国家戦略特別区域法という法律で旅館業法の厳格な規制を緩和しようとするものです。

この特区としては、現在のところ西から、北九州市、大阪府（市）、東京都大田区、が認められています。これらの地域では他所に先立って民泊が認められている訳です。

さて、民泊法ですが、

（ア）民泊業は、自治体に、届け出るだけで住居専用地域でも合法的に営業が可能になる、ということです。営業中に諸々弊害が出てくるようなケースだと諸々の事後的規制がかぶることがありそうです。

（イ）営業日数は、上限で１８０日に制限され、自治体毎の条件で、さらに、制限が可能となるようです。これは、民泊業者と既存の旅館業者等の妥協の産物となった形のようですが、私自身、これについては、合理的な根拠を見出しがたいと思っています。

（ウ）家主が不在の物件では、専門業者に管理委託をしなければならない、ということです。これは、やむをえない措置だと思います。

この他にも、いろいろご紹介したい内容もあるのですが、民泊法の条文を通覧なさって下さい。

法律ができたから民泊事業は単純に包括的に営業できるようになった、というわけではありませんので、ご注意ください。

(2) シェアハウスとしての利用

これは、たとえば、一戸の大きな建物をパーティションで区切って、4～5部屋の個室を作り、台所、リビングなどは共用しようとするものです。

民泊は、一時的宿泊ですが、シェアハウスは、賃貸借契約の集合～合体版です。すでに多くの利用例がありますが、もちろん、これは永住的なものではなく、情報収集のため、とか、一時的、経済的な理由による空間の共有のためというようなものです。

シェアハウスは、見ず知らずの人たちが一つ屋根の下で共同生活をするわけですから、経営者(オーナー)としては、特に利用者の人選に気を遣わなければいけません。それは、どのような利用者をターゲットとするか、ということに関連するわけですが、結局は、似たような人たち(たとえば、学生なら学生、企業人なら企業人、というふうに)の集まり場所となることが多いでしょう。学生用なら昔から賄い付き下宿、というのがあったのですから、あえてハイカラにシェアハウスなどという必要はないのかもしれません。

聞くところによりますと、現に同居者間でトラブルが生じることもあるということなので、シェアハウスの運営は決して簡単ではないらしいです。シェアハウスの運営は、多くは不動産管理会社の仕事になるわけです。だから、そこの担当者の方々には入居者を厳選してもらわなくてはなりません。責任重大です。

当然ですが、一戸貸しすると10万円の賃料であるところ、シェアハウスにすると、一部屋３万円の賃料として、４部屋に区切ると合計12万円ということになり、オーナーとしては、割増し料金が見込める、ということです。それがシェアハウスの旨味です。

もう１つ、シェアハウスの利点は複数の〝同居人〟のうち１～２部屋がたまたま退出したとしてもその補充をはかることにより、家主の賃料収入が〝オール・オア・ナッシング〟になる危険が少ないということがあります。同居人同士の相性調節工夫がなされれば家主の安定収入にもつながるのではないでしょうか。

しかし、このスキームは、ごく限られた地域でしか成功しないかもしれません。人が集まるメリットのある地域であることが前提条件でしょう。

（３）有料老人ホームとしての利用（医療関連法に留意することが必要）

これは、（２）の医療版とも言うべきものです。高価な老人ホームに入る経済的余裕のない方々には工夫次第で好都合な施設となることでしょう。この実現のためには、関連法をクリアすることが必要です。

医療関係について留意すべき点は、自活するのに何らかの支障がある人が対象なので、繊細な配慮が必要ということです。医療規制の概要を押えて、事業を事実上スタートしたあとにめざす事業の運営ができなくなるようなことがないよう、事前調査、準備を怠ってはならないですね。

オカミは、重箱の隅をつつくのが仕事という部分がありますが、オカミと協調すれば良い結果が生まれますよ、きっと。オカミから、それに資する施設、サービス提供を委任される場合もあるそうです。

有料老人ホームを設置するには、都道府県の知事に届け出なければいけませんが、民間企業が経営しているケースも多く、種類としては、介護付き、住宅型、健康型の3タイプあります。

（ⅰ）介護付きは、介護が必要になれば、施設の介護スタッフによって介護サービスが提供される高齢者向けの居住施設です。

（ⅱ）住宅型有料老人ホームは、介護が必要になれば、外部の介護サービス事業者と別途契約が必要になります。

（ⅲ）健康型有料老人ホームは、介護が必要になると退去しなければなりません。その数も全国でごくわずかです。入居条件としては、介護を必要とせず、自立しているうちから入れる施設と、介護が必要になってから入れる施設があり、ご自分のライフスタイルや、受けたい介護サービスに合わせて、多種多様な価格帯やサービス提供方法の中から選ぶことができます。

また、これは各要件を充たせば空き家の所有者自らもなしうる事業であるわけですが、一から始めるのは難しいので、次の保育所の場合と同様、専門業者に委託する、というのが無難でしょう。

（４）保育所としての利用（待機児童との関連）

いま、地方では人口減少化傾向の下、都会（東京）ほど、乳幼児の保育施設にこと欠く、ということはないのかもしれませんが、東京では収容施設の供給が不足しており、幼児を施設にあずけて、パートに出るということもままならぬ状況であるということは、マスコミ報道などを通して、みなさん、ご存知のことと思います。

ですから、これから幼児保育施設の供給が社会的需要としてあるわけですが、保育所を新たに作ろうとすると、子供の騒ぐのがうるさい！　と言って建設反対運動が起こる始末です。これなど、ジコチュー（自己中心的）の極みであると私は思います。

うるさいのは、せいぜい日中だけのことだろうし、それくらい周囲は我慢してくださいよ、と、切に思います。また、金のたまごを日本のために、みんなで育みましょうよ、と言いたいです。

保育施設を設けるためには、とうぜん、事業者となろうとする者から、その設置の認可の申請がなされるわけですが、そのためには、次の自治体の長宛ての厚労省児童家庭局長通知にかかる指針に沿うことが必要です。

主には、

（i）地域状況を把握して、設置の必要性が認められなければなりません。

（ii）原則として、定員は60人以上とされています。

（iii）事業経営者は、経済的基盤と社会的信望を有することが要請されています。誰でも良いというわけではないのです。

(iv) 実務を担当する幹部職員が、それなりの実務経験を有することも要請されています。

東京都の場合、2キロメートル以内に、既存の保育所がないことが要件とされています。〝共倒れ〟を防ぐための措置でしょう。定員は、20名以上とされています。

保育所を営むにふさわしい室内を有する空き家所有者としては、前記のような経営手腕を持つ法人等に自らの不動産を使った運営を要請する、ということが空き家の利・活用につながる、ということです。

これはあくまで概観ですが、地域によって設置条件に差があります。いずれにしろ、ここでも資源の有効活用ということに関心を持ちたいものです。

4. 利・活用前の空き家の管理

「空き家」になった途端、それを直ちに利・活用する、という決断はなかなかできないかもしれません。「親の残した財産をおいそれと処分できない、しばらく手を付けないでいたい」ということが相続人としてはあるかもしれません。

これは経済的な事情も関係してくるのでしょうが、いずれにしても「処分できない」状態が続く場合にどうするか、ということが問題になります。

そういうときは「空き家」の保全策を図らねばなりません。それがいわゆる「空き家の管理」問題です。「空き家」は将来の処分が流動的であれば、それが決定するまでなにかしらの管理をしておく必要があるのです。それは周辺住民のためでもあり、所有者自身のためでもあるのです。

そこで例えば不動産業者等、関連業者に、清掃、見回りなどの管理を委託することが好ましい場合があります。現にこのような業務を請け負う会社も各地にあり、その費用も、管理してもらう業務の内容により調節が可能なので依頼を検討されることをおすすめします。

資料編

空き家数の推移と種類別内訳

国土交通省

○ 住宅・土地統計調査（総務省）によれば、空き家の総数は、この20年で1.8倍（448万戸→820万戸）に増加。
○ 空き家の種類別の内訳では、「賃貸用又は売却用の住宅」等を除いた、「その他の住宅」（いわゆる「その他空き家」）がこの20年で2.1倍（149万戸→318万戸）に増加。
○ なお、「その他の住宅」（318万戸）のうち、「一戸建（木造）」（220万戸）が最も多い。

【空き家の種類別の空き家数の推移】

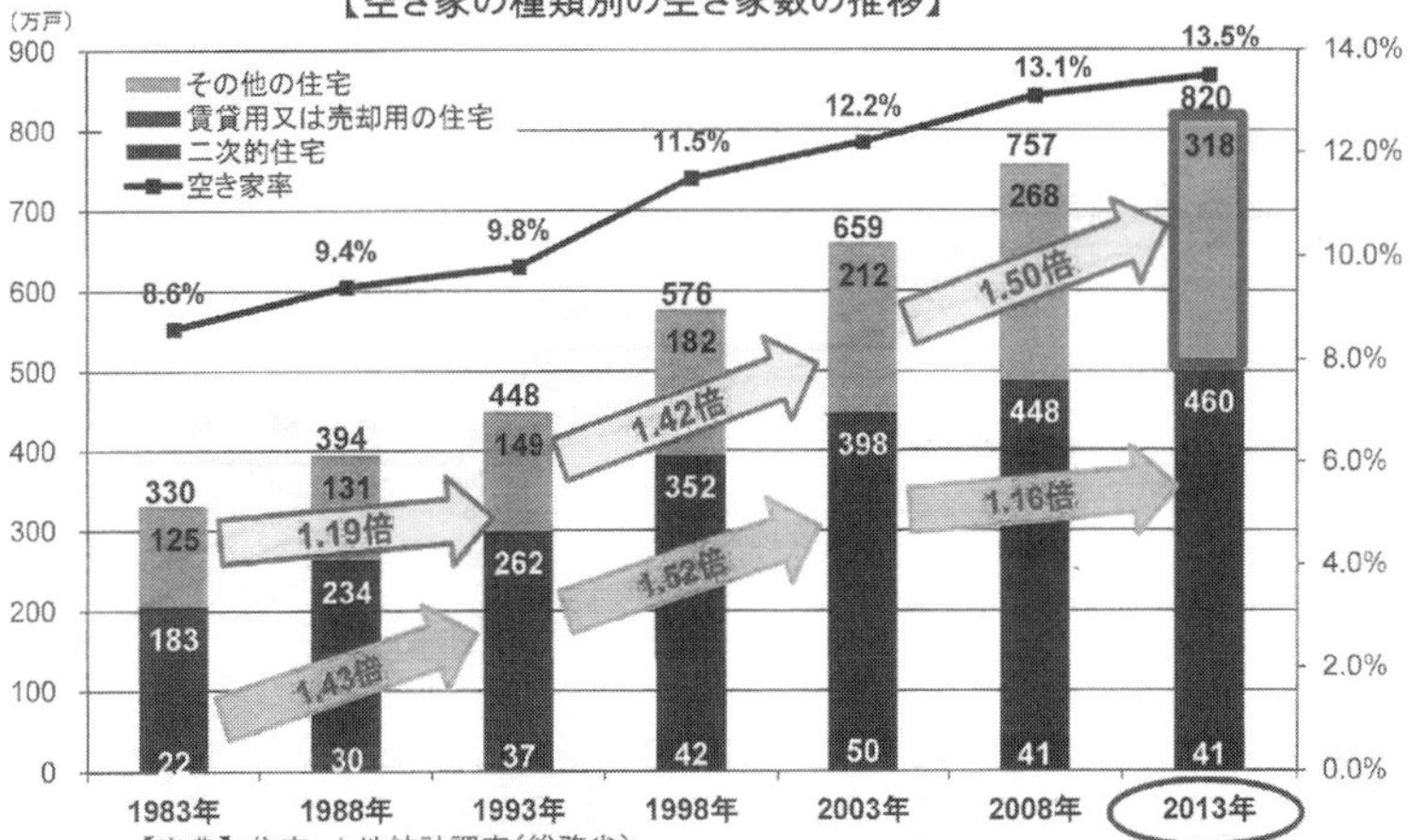

【出典】：住宅・土地統計調査（総務省）

【空き家の種類別内訳】

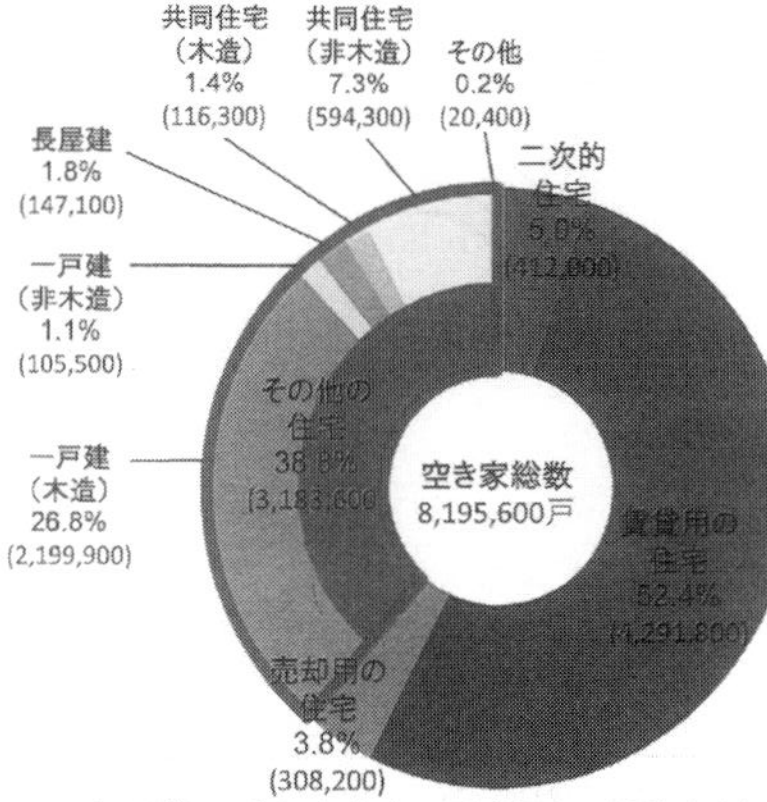

【出典】：平成25年住宅・土地統計調査（総務省）

［空き家の種類］
二次的住宅：別荘及びその他（たまに寝泊まりする人がいる住宅）
賃貸用又は売却用の住宅：新築・中古を問わず，賃貸又は売却のために空き家になっている住宅
その他の住宅：上記の他に人が住んでいない住宅で，例えば，転勤・入院などのため居住世帯が長期にわたって不在の住宅や建て替えなどのために取り壊すことになっている住宅など

6

出典　国土交通省　空き家等の現状と国の取組について　H29.3

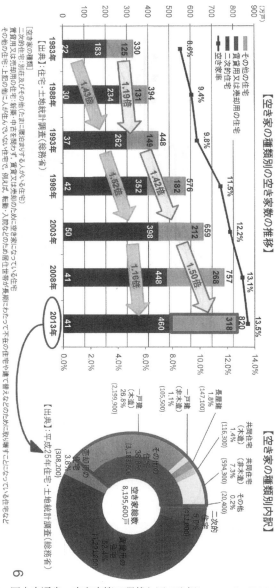

資料②
（13 ページ・説明

都道府県別の空き家率について

○都道府県別の空き家率についてみると、別荘などのある山梨県、長野県などで高い。
○長期不在・取り壊し予定などの空き家である「その他の住宅」の占める割合は鹿児島県、高知県などで高い。

空き家率の高い都道府県		空き家（その他の住宅）率の高い都道府県	
全国平均	13. 5%	全国平均	5. 3%
山梨県	22. 0%	鹿児島県	11. 0%
長野県	19. 8%	高知県	10. 6%
和歌山県	18. 1%	和歌山県	10. 1%
高知県	17. 8%	徳島県	9. 9%
徳島県	17. 5%	香川県	9. 7%
愛媛県	17. 5%	島根県	9. 5%
香川県	17. 2%	愛媛県	9. 5%
鹿児島県	17. 0%	山口県	8. 9%
群馬県	16. 6%	三重県	8. 3%
静岡県	16. 3%	鳥取県	8. 3%

出典：平成25年度住宅・土地統計調査（総務省）

［空き家の種類について］
二次的住宅：別荘及びその他（たまに寝泊まりする人がいる住宅）
賃貸用又は売却用の住宅：新築・中古を問わず，賃貸又は売却のために空き家になっている住宅
その他の住宅：上記の他に人が住んでいない住宅で，例えば，転勤・入院などのため居住世帯が長期にわたって不在の住宅や建て替えなどのために取り壊すことになっている住宅など

3

出典　国土交通省　空き家対策について　H27.12

資料③
（21 ページ・説明）

全国版空き家・空き地バンクの構築、地域関係者の連携による空き家等の流通促進

平成29年度予算案：1.1億円

- 需給のミスマッチの解消や新たな需要の創出等により、空き家・空き地等の流動性を高め、有効活用を推進。
- 具体的には、全国の空き家・空き地等の検索が可能な全国版空き家・空き地バンクの構築、空き家・空き地等の流通促進のために先進的な取組を行う団体等への支援を行う。

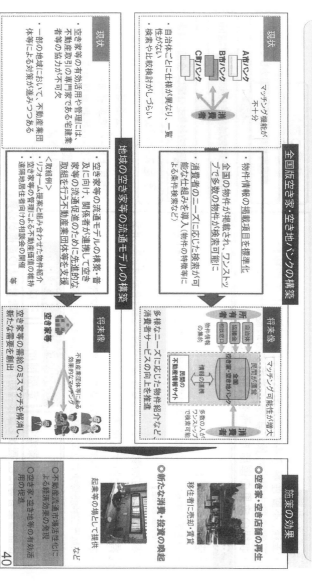

全国版空き家・空き地バンクの構築

現状

マッチング機能が不十分

A市バンク
B市バンク
C町バンク
消費者

- 自治体ごとに仕様が異なり、一覧性がない
- 検索や比較検討がしづらい

- 物件情報の掲載項目を標準化
- 全国の物件が掲載され、ワンストップで多数の物件が検索可能に
- 消費者のニーズに応じた検索が可能な仕組みを導入（物件の特徴等による条件検索など）

将来像

マッチング可能性が増大

所有者
自治体
協議会
相談窓口
物件情報の集約
民間が運営
全国空き家・空き地バンク
情報の連携
民間の不動産情報サイト
消費者
多数の人がワンストップで検索可能

多様なニーズに応じた物件紹介など、消費者サービスの向上を推進

地域の空き家等の流通モデルの構築

現状

- 空き家等の有効活用や管理には、不動産取引の専門家である宅建業者等の協力が不可欠
- 一部の地域において、不動産業団体等による対策が進みつつある

- 空き家等の流通モデルの構築・普及に向け、関係者が連携して空き家等の流通促進のために先進的な取組を行う不動産業団体等を支援

<取組例>
- リフォーム提案と組み合わせた物件紹介
- 空き家等の管理による不動産価値の維持
- 遠隔地居住者向けの相談会の開催

等

将来像

空き家等
不動産業団体等による効果的なマッチング

空き家等の需給のミスマッチを解消し、新たな需要を創出

施策の効果

◎空き家・空き店舗の再生

移住者に売却・賃貸

◎新たな消費・投資の喚起

起業等の場として提供

など

○不動産流通市場活性化による経済効果の発現
○空き家・空き地等の有効活用の促進

40

典　国土交通省　空き家等の現状と国の取組について　H29.3

空家除却費用の助成制度

杉並区では、「杉並区空家等対策計画」に基づき制定した「杉並区老朽危険空家の除却工事費助成金交付要綱」により、特定空家等の管理不全な空家に対して、除却費用の一部を助成します。

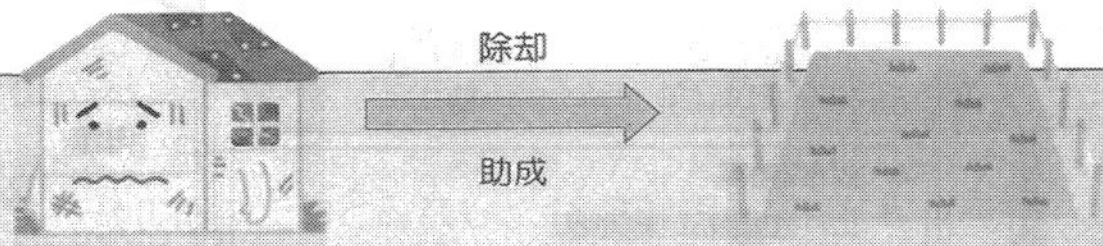

◆ 助成制度の概要 ◆

1　対象区域　区内全域（不燃化特区区域を除く。）

2　助成対象　特定空家等及び特定空家等に準じるもの（不良住宅）

◎　所有者　⇒　個人であること（法人は不可）

◎　共同住宅等　⇒　全住戸が空室

3　助成率　除却工事費の 80%（所有者負担 20%）

4　助成限度額　150 万円

5　その他の条件　①　申請者は所有者であること。

＊　ただし、複数の所有者が存在する場合は、全ての所有者の代表者であること。

②　助成金交付申請時に住民税を滞納していないこと。

③　暴力団員又は暴力団若しくは暴力団員と密接な関係を有する者でないこと。

＊　不良住宅　⇒　杉並区が空き家を判定しますので、予めご相談ください。

出典　杉並区都市整備部建築課空家対策係

土地・不動産・山林・原野・農地リゾート別荘地の所有権の放棄はできない

相続でもダタでも相続税や固定資産税・都市計画税だけ課税されるから要らない・欲しくない・売れない・誰も買わない田舎・遠方の土地・不動産・山林・原野・農地リゾート別荘地の所有権の放棄は民法上できない・所有権の放棄はできない

昭和４１年８月２７日民事甲第１９５３号民事局長回答

（昭和４１年６月１日十者本庁事務総長職務代理、神社本庁事務副総長照会）

不動産（土地）の所有権放棄について

　このことについて、本庁包括神社の横浜市大綱金刀比羅神社から、神社所有地の一部が崖地のため、崩落寸前にあって、神社は勿論附近の氏子住家数件も危険状態にあるため、これを防止すべく考慮したのであるが、この工事に要する費用が数千万円を見込まねばならず、到底神社においては、これを負担する資力はなく、然し乍らこのまま放置することは、前述の如く神社及び氏子住家が危険に怯される生活を続けねばならぬといふ現状であることが報告されました。

因って所有権者たる神社は、この方策としてその所有権を放棄し国に帰属せしめ、国の資力によって危険防止を計る事が最善であろうと思料した様な次第でありますので、かかる件に関し次の二点について御照会致します。

一、不動産（土地）所有権の放棄は、所有権者から一方的にできるか。

二、もし所有権放棄が可能であれば、その登記上の手続方法はどのようにするか。

（回答）本年６月１日付庶第１１２４号をもって照会のあった標記の件については、左記のとおり回答いたします。

出典　法務省民事局長の回答　S41.8

資料⑥

(69ページ・説明)

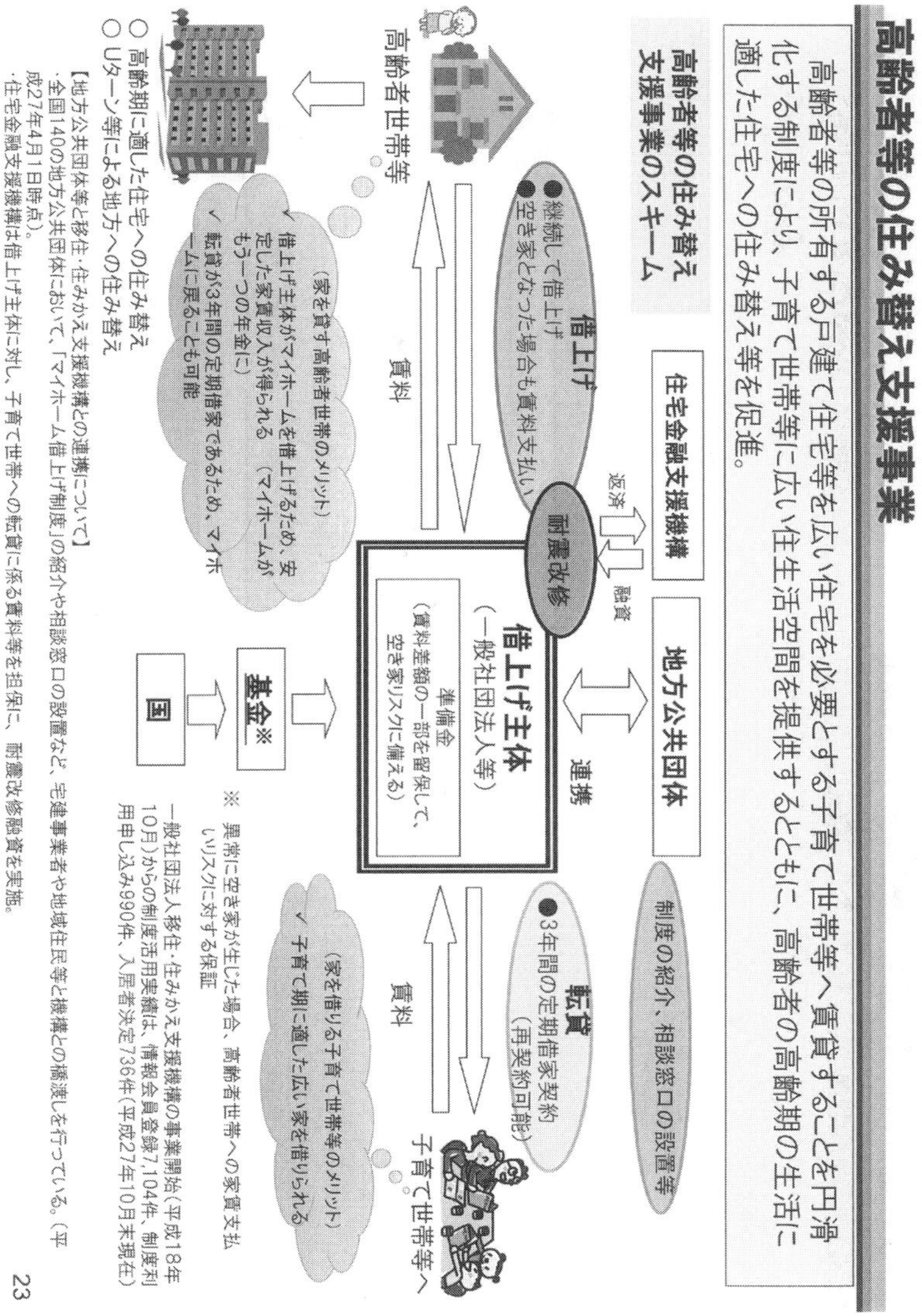

出典　国土交通省　空き家対策について　H27.12

（第3種郵便物認可）　2017年(平成29年)3月30日(木曜日)　夕刊

民泊「活用」か「制限」か

「営業上限180日」引き下げ?

「裁量」悩む自治体

新法案 国会議論へ

自宅などに旅行者を有料で宿泊させる「民泊」のルールを定めた住宅宿泊事業法案（民泊法案）が閣議決定され、今国会で本格的な議論が始まる。法案では、焦点となっていた営業日数の上限を「年間180日」とし、生活環境の悪化が懸念される場合は、条例でさらに引き下げられる仕組みとなった。自治体は、地域活性化のために民泊を活用するか、住環境を優先して制限するのか、対応を迫られる。

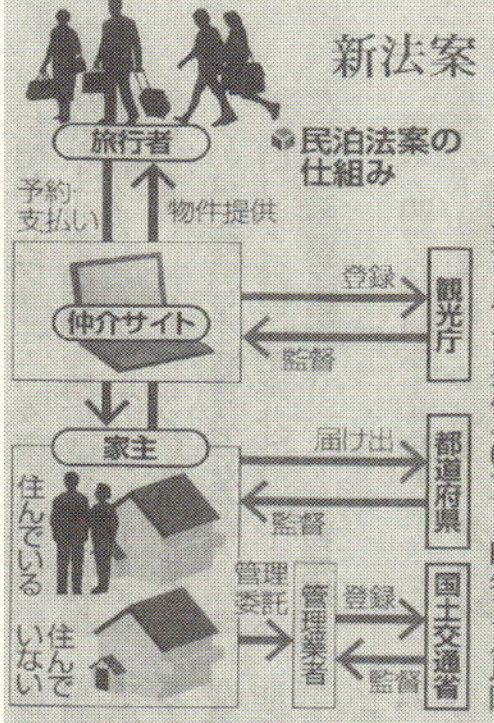

◆ 民泊法案のポイント

▽事業者は自治体に届け出が必要
▽営業日数の上限は180日で、条例で制限が可能
▽事業者は、苦情対応や宿泊者名簿の作成などが必要
▽家主が不在の物件では、登録業者に管理委託を義務付け
▽仲介サイトも登録制とし、違法民泊の排除を義務付け

■国際交流を

「合法的に民泊ができれば、ありがたい」。東京都北区で自宅の空き部屋を使って民泊を営む男性(69)は、法案に期待を寄せる。

昨年10月以降、1泊朝食付き2500円で数組の外国人客をもてなしてきたが、旅館業法上の許可は得ていない。許可制であることを最近まで知らなかった上、一般の住居では消防設備などの要件を満たすことが難しいためだ。

新法が成立すれば、自治体に届け出るだけで合法的に営業が可能になる。男性は「きちんと届け出て、民泊を通して日本の良さを知ってもらい、国際交流に貢献したい」と意気込む。

一方、法案は、既存の旅館・ホテル業界に配慮し、営業日数を年180日以下に制限している。これに対し、年間を通してフル稼働している物件の事業者からは不満が漏れる。東京・浅草の一軒家で無許可の民泊を営む会社員男性(35)は、「せっかく外国人客からも喜ばれているのに残念だ。収益も半減してしまう」と表情を曇らせる。

自宅で外国人旅行者らをもてなす男性（左）（9日、東京都内で）

■地域で差

今後の議論で注目されるのは、自治体が条例で制限できる範囲だ。法案では、制限できるのは「騒音などの生活環境の悪化」が懸念される場合と規定してい
が、具体的な要件はまだ
されていない。

昨年、独自の民泊方針を公表した京都市は、町家や戸建ての空き家では民泊を推進する一方、住民トラブルになりがちなマンションなどの集合住宅では禁止したい考えだ。ただ、どこまで実現できるかは不透明で、市の担当者は「自治体の裁量拡大に向けて、国や国会に要望を続けていきたい」と話す。

都内有数の繁華街と、閑静な住宅街を抱える東京都渋谷区は新年度、専門のチームを設置し、民泊による活性化と、住民の安心・安全の両立に向けて検討を本格化させる。

■監視の実効性は

違法民泊の横行に頭を悩ませてきた都市部の自治体は、実態把握がどこまでできるのか、調査権限のあり方に関心を寄せる。

現在の仲介サイトは、匿名性が高く、違法の可能性があっても、物件の住所の特定すら難しいケースが

出典　読売新聞夕刊　H29.3.30

空家等対策の推進に関する特別措置法　（平成二十六年十一月二十七日法律第百二十七号）

（目的）
第一条　この法律は、適切な管理が行われていない空家等が防災、衛生、景観等の地域住民の生活環境に深刻な影響を及ぼしていることに鑑み、地域住民の生命、身体又は財産を保護するとともに、その生活環境の保全を図り、あわせて空家等の活用を促進するため、空家等に関する施策に関し、国による基本指針の策定、市町村（特別区を含む。第十条第二項を除き、以下同じ。）による空家等対策計画の作成その他の空家等に関する施策を推進するために必要な事項を定めることにより、空家等に関する施策を総合的かつ計画的に推進し、もって公共の福祉の増進と地域の振興に寄与することを目的とする。

（定義）
第二条　この法律において「空家等」とは、建築物又はこれに附属する工作物であって居住その他の使用がなされていないことが常態であるもの及びその敷地（立木その他の土地に定着する物を含む。）をいう。ただし、国又は地方公共団体が所有し、又は管理するものを除く。
2　この法律において「特定空家等」とは、そのまま放置すれば倒壊等著しく保安上危険となるおそれのある状態又は著しく衛生上有害となるおそれのある状態、適切な管理が行われていないことにより著しく景観を損なっている状態その他周辺の生活環境の保全を図るために放置することが不適切である状態にあると認められる空家等をいう。

（空家等の所有者等の責務）
第三条　空家等の所有者又は管理者（以下「所有者等」という。）は、周辺の生活環境に悪影響を及ぼさないよう、空家等の適切な管理に努めるものとする。

（市町村の責務）
第四条　市町村は、第六条第一項に規定する空家等対策計画の作成及びこれに基づく空家等に関する対策の実施その他の空家等に関する必要な措置を適切に講ずるよう努めるものとする。

（基本指針）
第五条　国土交通大臣及び総務大臣は、空家等に関する施策を総合的かつ計画的に実施するための基本的な指針（以下「基本指針」という。）を定めるものとする。

2　基本指針においては、次に掲げる事項を定めるものとする。

一　空家等に関する施策の実施に関する基本的な事項

二　次条第一項に規定する空家等対策計画に関する事項

三　その他空家等に関する施策を総合的かつ計画的に実施するために必要な事項

3　国土交通大臣及び総務大臣は、基本指針を定め、又はこれを変更しようとするときは、あらかじめ、関係行政機関の長に協議するものとする。

4　国土交通大臣及び総務大臣は、基本指針を定め、又はこれを変更したときは、遅滞なく、これを公表しなければならない。

（空家等対策計画）

第六条　市町村は、その区域内で空家等に関する対策を総合的かつ計画的に実施するため、基本指針に即して、空家等に関する対策についての計画（以下「空家等対策計画」という。）を定めることができる。

2　空家等対策計画においては、次に掲げる事項を定めるものとする。

一　空家等に関する対策の対象とする地区及び対象とする空家等の種類その他の空家等に関する対策に関する基本的な方針

二　計画期間

三　空家等の調査に関する事項

四　所有者等による空家等の適切な管理の促進に関する事項

五　空家等及び除却した空家等に係る跡地（以下「空家等の跡地」という。）の活用の促進に関する事項
六　特定空家等に対する措置（第十四条第一項の規定による助言若しくは指導、同条第二項の規定による勧告、同条第三項の規定による命令又は同条第九項若しくは第十項の規定による代執行をいう。以下同じ。）その他の特定空家等への対処に関する事項
七　住民等からの空家等に関する相談への対応に関する事項
八　空家等に関する対策の実施体制に関する事項
九　その他空家等に関する対策の実施に関し必要な事項

3　市町村は、空家等対策計画を定め、又はこれを変更したときは、遅滞なく、これを公表しなければならない。

4　市町村は、都道府県知事に対し、空家等対策計画の作成及び変更並びに実施に関し、情報の提供、技術的な助言その他必要な援助を求めることができる。

（協議会）

第七条　市町村は、空家等対策計画の作成及び変更並びに実施に関する協議を行うための協議会（以下この条において「協議会」という。）を組織することができる。

2　協議会は、市町村長（特別区の区長を含む。以下同じ。）のほか、地域住民、市町村の議会の議員、法務、不動産、建築、福祉、文化等に関する学識経験者その他の市町村長が必要と認める者をもって構成する。

3　前二項に定めるもののほか、協議会の運営に関し必要な事項は、協議会が定める。

（都道府県による援助）

第八条　都道府県知事は、空家等対策計画の作成及び変更並びに実施その他空家等に関しこの法律に基づき市町村が講ずる措置について、当該市町村に対する情報の提供及び技術的な助言、市町村相互間の連絡調整その他必要な援助を行うよう努めなければならない。

（立入調査等）

第九条　市町村長は、当該市町村の区域内にある空家等の所在及び当該空家等の所有者等を把握するための調査その他空家等に関しこの法律の施行のために必要な調査を行うことができる。

2　市町村長は、第十四条第一項から第三項までの規定の施行に必要な限度において、当該職員又はその委任した者に、空家等と認められる場所に立ち入って調査をさせることができる。

3　市町村長は、前項の規定により当該職員又はその委任した者を空家等と認められる場所に立ち入らせようとするときは、その五日前までに、当該空家等の所有者等にその旨を通知しなければならない。ただし、当該所有者等に対し通知することが困難であるときは、この限りでない。

4　第二項の規定により空家等と認められる場所に立ち入ろうとする者は、その身分を示す証明書を携帯し、関係者の請求があったときは、これを提示しなければならない。

5　第二項の規定による立入調査の権限は、犯罪捜査のために認められたものと解釈してはならない。

（空家等の所有者等に関する情報の利用等）

第十条　市町村長は、固定資産税の課税その他の事務のために利用する目的で保有する情報であって氏名その他の空家等の所有者等に関するものについては、この法律の施行のために必要な限度において、その保有に当たって特定された利用の目的以外の目的のために内部で利用することができる。

2　都知事は、固定資産税の課税その他の事務で市町村が処理するものとされているもののうち特別区の存する区域においては都が処理するものとされているもののために利用する目的で都が保有する情報であって、特別区の区域内にある空家等の所有者等に関するものについて、当該特別区の区長から提供を求められたときは、この法律の施行のために必要な限度において、速やかに当該情報の提供を行うものとする。

3　前項に定めるもののほか、市町村長は、この法律の施行のために必要があるときは、関係する地方公共団体の長その他の者に対して、空家等の所有者等の把握に関し必要な情報の提供を求めることができる。

（空家等に関するデータベースの整備等）

第十一条　市町村は、空家等（建築物を販売し、又は賃貸する事業を行う者が販売し、又は賃貸するために所有し、又は管理するもの（周辺の生活環境に悪影響を及ぼさないよう適切に管理されているものに限る。）を除く。以下第十三条までにおいて同じ。）に関するデータベースの整備その他空家等に関する正確な情報を把握するために必要な措置を講ずるよう努めるものとする。

（所有者等による空家等の適切な管理の促進）

第十二条　市町村は、所有者等による空家等の適切な管理を促進するため、これらの者に対し、情報の提供、助言その他必要な援助を行うよう努めるものとする。

（空家等及び空家等の跡地の活用等）

第十三条　市町村は、空家等及び空家等の跡地（土地を販売し、又は賃貸する事業を行う者が販売し、又は賃貸するために所有し、又は管理するものを除く。）に関する情報の提供その他これらの活用のために必要な対策を講ずるよう努めるものとする。

（特定空家等に対する措置）

第十四条　市町村長は、特定空家等の所有者等に対し、当該特定空家等に関し、除却、修繕、立木竹の伐採その他周辺の生活環境の保全を図るために必要な措置（そのまま放置すれば倒壊等著しく保安上危険となるおそれのある状態又は著しく衛生上有害となるおそれのある状態にない特定空家等については、建築物の除却を除く。次項において同じ。）をとるよう助言又は指導をすることができる。

2　市町村長は、前項の規定による助言又は指導をした場合において、なお当該特定空家等の状態が改善されないと認めるときは、当該助言又は指導を受けた者に対し、相当の猶予期限を付けて、除却、修繕、立木竹の伐採その他周辺の生活環境の保全を図るために必要な措置をとることを勧告することができる。

3　市町村長は、前項の規定による勧告を受けた者が正当な理由がなくてその勧告に係る措置をとらなかった場合において、特に必要があると認めるときは、その者に対し、相当の猶予期限を付けて、その勧告に係る措置をとることを命ずることができる。

4　市町村長は、前項の措置を命じようとする場合においては、あらかじめ、その措置を命じようとする者に対し、その命じようとする措置及びその事由並びに意見書の提出先及び提出期限を記載した通知書を交付して、その措置を命じようとする者又はその代理人に意見書及び自己に有利な証拠を提出する機会を与えなければならない。

5　前項の通知書の交付を受けた者は、その交付を受けた日から五日以内に、市町村長に対し、意見書の提出に代えて公開による意見の聴取を行うことを請求することができる。

6　市町村長は、前項の規定による意見の聴取の請求があった場合においては、第三項の措置を命じようとする者又はその代理人の出頭を求めて、公開による意見の聴取を行わなければならない。

7　市町村長は、前項の規定による意見の聴取を行う場合においては、第三項の規定によって命じようとする措置並びに意見の聴取の期日及び場所を、期日の三日前までに、前項に規定する者に通知するとともに、これを公告しなければならない。

8　第六項に規定する者は、意見の聴取に際して、証人を出席させ、かつ、自己に有利な証拠を提出することができる。

9　市町村長は、第三項の規定により必要な措置を命じた場合において、その措置を命ぜられた者がその措置を履行しないとき、履行しても十分でないとき又は履行しても同項の期限までに完了する見込みがないときは、行政代執行法（昭和二十三年法律第四十三号）の定めるところに従い、自ら義務者のなすべき行為をし、又は第三者をしてこれをさせることができる。

10　第三項の規定により必要な措置を命じようとする場合において、過失がなくてその措置を命ぜられるべき者を確知することができないとき（過失がなくて第一項の助言若しくは指導又は第二項の勧告が行われるべき者を確知することができないため第三項に定める手続により命令を行うことができないときを含む。）は、市町村長は、その者の負担において、その措置を自ら行い、又はその命じた者若しくは委任した者に行わせることができる。この場合においては、相当の期限を定めて、その措置を行うべき旨及びその期限までにその措置を行わないときは、市町村長又はその命じた者若しくは委任した者がその措置を行うべき旨をあらかじめ公告しなければならない。

11　市町村長は、第三項の規定による命令をした場合においては、標識の設置その他国土交通省令・総務省令で定める方法により、その旨を公示しなければならない。

12　前項の標識は、第三項の規定による命令に係る特定空家等に設置することができる。この場合においては、当該特定空家等の所有者等は、当該標識の設置を拒み、又は妨げてはならない。

13　第三項の規定による命令については、行政手続法（平成五年法律第八十八号）第三章（第十二条及び第十四条を除く。）の規定は、適用しない。

14　国土交通大臣及び総務大臣は、特定空家等に対する措置に関し、その適切な実施を図るために必要な指針を定めることができる。

15　前各項に定めるもののほか、特定空家等に対する措置に関し必要な事項は、国土交通省令・総務省令で定める。

（財政上の措置及び税制上の措置等）

第十五条　国及び都道府県は、市町村が行う空家等対策計画に基づく空家等に関する対策の適切かつ円滑な実施に資するため、空家等に関する対策の実施に要する費用に対する補助、地方交付税制度の拡充その他の必要な財政上の措置を講ずるものとする。

2　国及び地方公共団体は、前項に定めるもののほか、市町村が行う空家等対策計画に基づく空家等に関する対策の適切かつ円滑な実施に資するため、必要な税制上の措置その他の措置を講ずるものとする。

（過料）

第十六条　第十四条第三項の規定による市町村長の命令に違反した者は、五十万円以下の過料に処する。

2　第九条第二項の規定による立入調査を拒み、妨げ、又は忌避した者は、二十万円以下の過料に処する。

附　則

（施行期日）

1　この法律は、公布の日から起算して三月を超えない範囲内において政令で定める日から施行する。ただし、第九条第二項から第五項まで、第十四条及び第十六条の規定は、公布の日から起算して六月を超えない範囲内において政令で定める日から施行する。

（検討）

2　政府は、この法律の施行後五年を経過した場合において、この法律の施行の状況を勘案し、必要があると認めるときは、この法律の規定について検討を加え、その結果に基づいて所要の措置を講ずるものとする。

借地借家法　（平成三年十月四日法律第九十号）

第二章　借地
第四節　定期借地権等

（定期借地権）
第二十二条　存続期間を五十年以上として借地権を設定する場合においては、第九条及び第十六条の規定にかかわらず、契約の更新（更新の請求及び土地の使用の継続によるものを含む。次条第一項において同じ。）及び建物の築造による存続期間の延長がなく、並びに第十三条の規定による買取りの請求をしないこととする旨を定めることができる。この場合においては、その特約は、公正証書による等書面によってしなければならない。

（事業用定期借地権等）
第二十三条　専ら事業の用に供する建物（居住の用に供するものを除く。次項において同じ。）の所有を目的とし、かつ、存続期間を三十年以上五十年未満として借地権を設定する場合においては、第九条及び第十六条の規定にかかわらず、契約の更新及び建物の築造による存続期間の延長がなく、並びに第十三条の規定による買取りの請求をしないこととする旨を定めることができる。

2　専ら事業の用に供する建物の所有を目的とし、かつ、存続期間を十年以上三十年未満として借地権を設定する場合には、第三条から第八条まで、第十三条及び第十八条の規定は、適用しない。
3　前二項に規定する借地権の設定を目的とする契約は、公正証書によってしなければならない。

（建物譲渡特約付借地権）
第二十四条　借地権を設定する場合（前条第二項に規定する借地権を設定する場合を除く。）においては、第九条の規定にかかわらず、借地権を消滅させるため、その設定後三十年以上を経過した日に借地権の目的である土地の上の建物を借地権設定者に相当の対価で譲渡する旨を定めることができる。
2　前項の特約により借地権が消滅した場合において、その借地権者又は建物の賃借人でその消滅後建物の使用を継続しているものが請求をしたときは、請求の時にその建物につきその借地権者又は建物の賃借人と借地権設定者との間で期間の定めのない賃貸借（借地権者が請求をした場合において、借地権の残存期間があるときは、その残存期間を存続期間とする賃貸借）がされたものとみなす。この場合において、建物の借賃は、当事者の請求により、裁判所が定める。
3　第一項の特約がある場合において、借地権者又は建物の賃借人と借地権設定者との間でその建物につき第三十八条第一項の規定による賃貸借契約をしたときは、前項の規定にかかわらず、その定めに従う。

（一時使用目的の借地権）
第二十五条　第三条から第八条まで、第十三条、第十七条、第十八条及び第二十二条から前条までの規定は、臨時設備の設置その他一時使用のために借地権を設定したことが明らかな場合には、適用しない。

第三章　借家
第三節　定期建物賃貸借等

（定期建物賃貸借）
第三十八条　期間の定めがある建物の賃貸借をする場合においては、公正証書による等書面によって契約をするときに限り、第三十条の規定にかかわらず、契約の更新がないこととする旨を定めることができる。この場合には、第二十九条第一項の規定を適用しない。
2　前項の規定による建物の賃貸借をしようとするときは、建物の賃貸人は、あらかじめ、建物の賃借人に対し、同項の規定による建物の賃貸借は契約の更新がなく、期間の満了により当該建物の賃貸借は終了することについて、その旨を記載した書面を交付して説明しなければならない。
3　建物の賃貸人が前項の規定による説明をしなかったときは、契約の更新がないこととする旨の定めは、無効とする。

4　第一項の規定による建物の賃貸借において、期間が一年以上である場合には、建物の賃貸人は、期間の満了の一年前から六月前までの間（以下この項において「通知期間」という。）に建物の賃借人に対し期間の満了により建物の賃貸借が終了する旨の通知をしなければ、その終了を建物の賃借人に対抗することができない。ただし、建物の賃貸人が通知期間の経過後建物の賃借人に対しその旨の通知をした場合においては、その通知の日から六月を経過した後は、この限りでない。

5　第一項の規定による居住の用に供する建物の賃貸借（床面積（建物の一部分を賃貸借の目的とする場合にあっては、当該一部分の床面積）が二百平方メートル未満の建物に係るものに限る。）において、転勤、療養、親族の介護その他のやむを得ない事情により、建物の賃借人が建物を自己の生活の本拠として使用することが困難となったときは、建物の賃借人は、建物の賃貸借の解約の申入れをすることができる。この場合においては、建物の賃貸借は、解約の申入れの日から一月を経過することによって終了する。

6　前二項の規定に反する特約で建物の賃借人に不利なものは、無効とする。

7　第三十二条の規定は、第一項の規定による建物の賃貸借において、借賃の改定に係る特約がある場合には、適用しない。

（取壊し予定の建物の賃貸借）

第三十九条　法令又は契約により一定の期間を経過した後に建物を取り壊すべきことが明らかな場合において、建物の賃貸借をするときは、第三十条の規定にかかわらず、建物を取り壊すこととなる時に賃貸借が終了する旨を定めることができる。

2　前項の特約は、同項の建物を取り壊すべき事由を記載した書面によってしなければならない。

（一時使用目的の建物の賃貸借）

第四十条　この章の規定は、一時使用のために建物の賃貸借をしたことが明らかな場合には、適用しない。

民泊新法案（住宅宿泊事業法案）

目次

第一章　総則

（目的）

第一条　この法律は、我が国における観光旅客の宿泊をめぐる状況に鑑み、住宅宿泊事業を営む者に係わる届出制度並びに住宅宿泊管理業を営む者及び住宅宿泊仲介業を営む者に係わる登録制度を設ける等の措置を講ずることにより、これらの事業を営む者の業務の適正な運営を確保しつつ、国内外からの観光旅客の宿泊に対する需要に適格に対応してこれらの者の来訪及び滞在を促進し、もって国民生活の安定向上及び国民経済の発展に寄与することを目的とする。

（定義）

第二条　この法律において「住宅」とは、次の各号に掲げる要件のいずれにも該当する家屋をいう。

一　当該家屋内に台所、浴室、便所、洗面設備その他の当該家屋を生活の本拠として使用するために必要なものとして国土交通省令・厚生労働省令で定める設備が設けられていること。

二　現に人の生活の本拠として使用されている家屋、従前の入居者の賃貸借の期間の満了後新たな入居者の募集が行われている家屋その他の家屋であって、人の住居の用に供されていると認められるものとして国土交通省令・厚生労働省令で定めるものに該当すること。

2　この法律において「宿泊」とは、寝具を使用して施設を利用することをいう。

3　この法律において「住宅宿泊事業」とは、旅館業法（昭和二十三年法律第百三十八号）第三条の二第一項に規定する営業者以外の者が宿泊料を受けて住宅に人を宿泊させる事業であって、人を宿泊させる日数として国土交通省令・厚生労働省令で定めるところにより算定した日数が一年間で百八十日を超えないものをいう。

4　この法律において「住宅宿泊事業者」とは、次条第一項の届出をして住宅宿泊事業を営む者をいう。

5　この法律において「住宅宿泊管理業務」とは、第五条から第十条までの規定による業務及び住宅宿泊事業の適切な実施のために必要な届出住宅（次条第一項の届出に係る住宅をいう。以下同じ。）の維持保全に関する業務をいう。

6　この法律において「住宅宿泊管理業」とは、住宅宿泊事業者から第十一条第一項の規定による委託を受けて、報酬を得て、住宅宿泊管理業務を行う事業をいう。

7　この法律において「住宅宿泊管理業者」とは、第二十二条第一項の登録を受けて住宅宿泊管理業を営む者をいう。

8　この法律において「住宅宿泊仲介業務」とは、次に掲げる行為をいう。

一　宿泊者のため、届出住宅における宿泊のサービスの提供を受けることについて、代理して契約を締結し、媒介をし、又は取次ぎをする行為。

二　住宅宿泊事業者のため、宿泊者に対する届出住宅における宿泊のサービスの提供について、代理して契約を締結し、又は媒介をする行為。

9　この法律において「住宅宿泊仲介業」とは、旅行業法（昭和二十七年法律第二百三十九号）第六条の四第一項に規定する旅行業者（第十二条及び第六十七条において単に「旅行業者」という）以外の者が、報酬を得て、前項各号に掲げる行為を行う事業をいう。

10　この法律において「住宅宿泊仲介業者」とは、第四十六条第一項の登録を受けて住宅宿泊仲介業を営む者をいう。

第二章　住宅宿泊事業

第一節　届出等

(届出等)

第三条　都道府県知事(保健所を設置する市又は特別区(以下「保健所設置市等」という。)であって、その長が第六十八条第一項の規定により同項に規定する住宅宿泊事業等関係行政事務を処理するものの区域にあっては、当該保健所設置市等の長。第七項を除き、以下同じ。)に住宅宿泊事業を営む旨の届出をした者は、旅館業法第三条第一項の規定にかかわらず、住宅宿泊事業を営むことができる。

2　前項の届出を使用とする者は、国土交通省令・厚生労働省令で定めるところにより、住宅宿泊事業を営もうとする住宅ごとに、次に掲げる事項を記載した届出書を都道府県知事に提出しなければならない。

一　商号、名称又は氏名及び住所

二　法人である場合においては、その役員の氏名

三　未成年者である場合においては、その法定代理人の氏名及び住所(法定代理人が法人である場合にあっ

ては、その商号又は名称及び住所並びにその役員の氏名）
四　住宅の所在地
五　営業所又は事務所を設ける場合においては、その名称及び所在地
六　第十一条第一項の規定による住宅宿泊管理業務の委託（以下単に「住宅宿泊管理業務の委託」という。）をする場合においては、その相手方である住宅宿泊管理業者の商号、名称又は氏名その他の国土交通省令・厚生労働省令で定める事項

3　前項の届出書には、当該届出に係る住宅の図面、第一項の届出をしようとする者が次条各号のいずれにも該当しないことを誓約する書面その他の国土交通省令・厚生労働省令で定める書類を添付しなければならない。

4　住宅宿泊事業者は、第二項第一号から第三号まで、第五号又は第七号に掲げる事項に変更があったときはその日から三十日以内に、同項第六号に掲げる事項を変更しようとするときはあらかじめ、その旨を都道府県知事に届け出なければならない。

5　第三項の規定は、前項の規定による届出について準用する。

6　住宅宿泊事業者が次の各号のいずれかに該当することとなったときは、当該各号に定める者は、国道

交通省令・厚生労働省令で定めるところにより、その日（第一号の場合にあっては、その事実を知った日）から三十日以内に、その旨を都道府県知事に届け出なければならない。

一　住宅宿泊事業者である個人が死亡したとき　その相続人
二　住宅宿泊事業者である法人が合併により消滅したとき　その法人を代表する役員であった者
三　住宅宿泊事業者である法人が破産手続開始の決定により解散したとき　その破産管財人
四　住宅宿泊事業者である法人が合併及び破産手続開始の決定以外の理由により解散したとき　その清算人
五　住宅宿泊事業を廃止したとき　住宅宿泊事業者であった個人又は住宅宿泊事業者であった法人を代表する役員

7　都道府県知事は、第一項、第四項又は前項の規定による届出を受理した場合において、当該届出に係る住宅が保健所設置市等（第一項に規定する保健所設置市等を除く。）の区域内に所在するときは、遅滞なく、その旨を当該保健所設置市等の長に通知しなければならない。

（欠格事由）

第四条　次の各号のいずれかに該当する者は、住宅宿泊事業を営んではならない。

一　成年被後見人又は被保佐人
二　破産手続開始の決定を受けて復権を得ない者
三　第十六条第二項の規定により住宅宿泊事業の廃止を命ぜられ、その命令の日から三年を経過しない者（当該命令をされた者が法人である場合にあっては、当該命令の日前三十日以内に当該法人の役員であった者で当該命令の日から三年を経過しない者を含む。）

四　禁錮以上の刑に処せられ、又はこの法律若しくは旅館業法の規定により罰金の刑に処せられ、その執行を終わり、又は執行を受けることがなくなった日から起算して三年を経過しない者

五　暴力団員による不当な行為の防止などに関する法律（平成三年法律第七十七号）第二項第六号に規定する暴力団員又は同号に規定する暴力団員でなくなった日から五年を経過しない者（以下「暴力団員等」という。）

六　営業に関し成年者と同一の行為能力を有しない未成年者でその法定代理人（法定代理人が法人である場合にあっては、その役員を含む。第二十五条第一項第七号及び第四十九条第一項第七号において同じ。）が全各号のいずれかに該当するもの

七　法人であって、その役員のうちに第一号から第五号までいずれかに該当する者があるもの

八　暴力団員等がその事業活動を支配する者

第二節　業務

（宿泊者の衛生の確保）

第五条　住宅宿泊事業者は、届出住宅について、各居室（住宅宿泊事業のように供するものに限る。第十一条第一項第一号において同じ。）の床面積に応じた宿泊者数の制限、定期的な清掃その他の宿泊者の衛生の確保を図るために必要な措置であって厚生労働省令で定めるものを講じなければならない。

（宿泊者の安全の確保）
第六条　住宅宿泊事業者は、届出住宅について、非常用照明器具の設置、避難経路の表示その他の火災その他の災害が発生した場合における宿泊者の安全の確保を図るために必要な措置であって国土交通省令で定めるものを講じなければならない。

（外国人観光旅客である宿泊者の快適性及び利便性の確保）
第七条　住宅宿泊事業者は、外国人観光旅客である宿泊者に対し、届出住宅の設備の使用方法に関する外国語を用いた案内、移動のための交通手段に関する外国語を用いた情報提供その他の外国人観光旅客である宿泊者の快適性及び利便性の確保を図るために必要な措置であって国土交通省令で定める者を講じなければならない。

（宿泊者名簿の備付け等）
第八条　住宅宿泊事業者は、国土交通省令・厚生労働省令で定めるところにより届出住宅その他の国土交通省令・厚生労働省令で定める場所に宿泊者名簿を備え、これに宿泊者の氏名、住所、職業その他の国土交通省令・厚生労働省令で定める事項を記載し、都道府県知事の要求があったときは、これを提出しなければならない。

2　宿泊者は、住宅宿泊事業者から請求があったときは、前項の国土交通省令・厚生労働省令で定める事項を告げなければならない。

（周辺地域の生活環境への悪影響の防止に関し必要な事項の説明）
第九条　住宅宿泊事業者は、国土交通省令・厚生労働省令で定めるところにより、宿泊者に対し、騒音の防止のために配慮すべき事項その他の届出住宅の周辺地域の生活環境への悪影響の防止に関し必要な事項であって国土交通省令・厚生労働省令で定めるものについて説明しなければならない。
2　住宅宿泊事業者は、外国人観光旅客である宿泊者に対しては、外国語を用いて前項の規定による説明をしなければならない。

（苦情などの処理）
第十条　住宅宿泊事業者は、届出住宅の周辺地域の住民からの苦情及び問合せについては、適切かつ迅速にこれを処理しなければならない。

（住宅宿泊管理業務の委託）
第十一条　住宅宿泊事業者は、次の各号のいずれかに該当するときは、国土交通省令・厚生労働省令で定めるところにより、当該届出住宅に係る住宅宿泊管理業務を一の住宅宿泊管理業者に委託しなければならない。ただし、住宅宿泊事業者が住宅宿泊管理業者である場合において、当該住宅宿泊事業者が自ら当該届出住宅に係る住宅宿泊管理業務を行うときは、この限りではない。
一　届出住宅の居室の数が、一の住宅宿泊事業者が各居室に係る住宅宿泊管理業務の全部を行ったとしても、その適切な実施に支障を生ずるおそれがないものとして国土交通省令・厚生労働省令で定める居室の数を超えるとき。
二　届出住宅に人を宿泊させる間、不在となるとき（住宅宿泊事業者が自己の生活の本拠として使用する住宅と届出住宅との距離その他の事業を勘案し、住宅宿泊管理業務を住宅宿泊管理業者に委託しなくてもその適切な実施に支障を生ずるおそれがないと認められる場合として国土交通省令・厚生労働省令で定めるときを除く。）

2　第五条から前条までの規定は、住宅宿泊管理業務の委託がされた届出住宅において住宅宿泊事業を営む住宅宿泊事業者については、適用しない。

（宿泊サービス提供契約の締結の代理等の委託）
第十二条　住宅宿泊事業者は、宿泊サービス提供契約（宿泊者に対する届出住宅における宿泊のサービスに係る契約をいう。）の締結の代理又は媒介を他人に委託するときは、住宅宿泊仲介業者又は旅行業者に委託しなければならない。

（標識の掲示）
第十三条　住宅宿泊事業者は、届出住宅ごとに、公衆の見やすい場所に、国土交通省令・厚生労働省令で定める様式の標識を掲げなければならない。

（都道府県知事への定期報告）
第十四条　住宅宿泊事業者は、届出住宅に人を宿泊させた日数その他の国土交通省令・厚生労働省令で定める事項について、国土交通省令・厚生労働省令で定めるところにより、定期的に、都道府県知事に報告しなければならない。

第三節　監督

（業務改善命令）
第十五条　都道府県知事は、住宅宿泊事業の適正な運営を確保するため必要があると認めるときは、その必要の限度において、住宅宿泊事業者に対し、業務の方法の変更その他業務の運営の改善に必要な措置をとるべきことを命ずることができる。

（業務停止命令等）
第十六条　都道府県知事は、住宅宿泊事業者がその営む住宅宿泊事業に関し法令又は前条の規定による命令に違反したときは、一年以内の期間を定めて、その業務の全部又は一部の停止を命ずることができる。

2　都道府県知事は、住宅宿泊事業者がその営む住宅宿泊事業に関し法令又は前条若しくは前項の規定による命令に違反した場合であって、他の方法により監督の目的を達成することができないときは、住宅宿泊事業の廃止を命ずることができる。

3　都道府県知事は、全二項の規定による命令をしたときは、遅滞なく、その理由を示して、その旨を住宅宿泊事業者に通知しなければならない。

（報告徴収及び立入検査）

第十七条　都道府県知事は、住宅宿泊事業の適正な運営を確保するため必要があると認めるときは、住宅宿泊事業者に対し、その業務に関し報告を求め、又はその職員に、届出住宅その他の施設に立ち入り、その業務の状況若しくは設備、帳簿書類その他の物件を検査させ、若しくは関係者に質問させることができる。

2　前項の規定により立入検査をする職員は、その身分を示す証明書を携帯し、関係者に提示しなければならない。

3　第一項の規定による立入検査の権限は、犯罪捜査のために認められたものと解してはならない。

第四節　雑則

（条例による住宅宿泊事業の実施の制限）

第十八条　都道府県（第六十八条第一項の規定により同項に規定する住宅宿泊事業等関係行政事務を処理する保健所設置市等の区域にあっては、当該保健所設置市等。以下この条において同じ。）は、当該都道府県の悔区域のうちに、住宅宿泊事業に起因する騒音の発生その他の事業による生活環境の悪化を防止することが特に必要であると認められる区域があるときは、条例で、観光旅客の宿泊に対する需要への的確な対応に支障を生ずるおそれがないものとして政令で定める基準の範囲内において、期間を定めて、当該区域における住宅宿泊事業の実施を制限することができる。

（住宅宿泊事業者に対する助言等）

第十九条　観光庁長官は、住宅宿泊事業の適切な実施を図るため、住宅宿泊事業者に対し、インターネットを利用することができる機能を有する設備の整備その他の外国人観光旅客に対する接遇の向上を図るための措置に関し必要な助言その他の援助を行うものとする。

（宿泊事業に関する情報の提供）

第二十条　観光庁長官は、外国人観光旅客の宿泊に関する利便の増進を図るため、住宅宿泊事業の実施状況その他の住宅宿泊事業に関する情報を提供するものとする。

2　観光庁長官は、前項の情報を提供するため必要があると認めるときは、都道府県知事に対し、当該都道府県の区域内に所在する届出住宅に関し必要な情報の提供を求めることができる。

（建築基準法との関係）

第二十一条　建築基準法（昭和二十五年法律第二百一号）及びこれに基づく命令の規定において「住宅」、「長屋」、「共同住宅」又は「寄宿舎」とあるのは、届出住宅であるものを含むものとする。

第三章　住宅宿泊管理業

第一節　登録

（登録）

第二十二条　住宅宿泊管理業を営もうとする者は、国土交通大臣の登録を受けなければならない。

2　前項の登録は、五年ごとにその更新を受けなければ、その期間の経過によって、その効力を失う。

3　前項の更新の申請があった場合において、同項の期間（以下この項及び次項において「登録の有効期間」という。）の満了の日までにその申請に対する処分がされないときは、従前の登録は、登録の有効期間の満了後もその処分がされるまでの間は、なおその効力を有する。

4　前項の場合において、登録の更新がされたときは、その登録の有効期間は、従前の登録の有効期間の満了日の翌日から起算するものとする。
5　第一項の登録を受けようとする者は、登録免許税法（昭和四十二年法律第三十五号）の定めるところにより登録免許税を、第二項の登録の更新を受けようとする者は、政令の定めるところにより手数料を、それぞれ納めなければならない。

（登録の申請）
第二十三条　前条第一項の登録（常道第二項の登録の更新を含む。以下この章及び第七十二条第二号において同じ。）を受けようとする者は、次に掲げる事項を記載した申請書を国土交通大臣に提出しなければならない。
一　商号、名称又は氏名及び住所
二　法人である場合においては、その役員の氏名
三　未成年者である場合においては、その法定代理人の氏名及び住所（法定代理人が法人である場合にあっては、その商号又は名称及び住所並びにその役員の氏名）
四　営業所又は事務所の名称及び所在地
2　前項の申請書には、前条第一項の登録を受けようとする者が第二十五条第一項各号のいずれにも該当しないことを誓約する書面その他の国土交通省令で定める書類を添付しなければならない。

（登録簿への記載など）
第二十四条　国土交通大臣は、前条第一項の規定による登録の申請があったときは、次条第一項の規定により登録を拒否する場合を除き、次に掲げる事項を住宅宿泊管理業者登録簿に登録しなければならない。
一　前条第一項各号に掲げる事項
二　登録年月日及び登録番号
2　国土交通大臣は、前項の規定による登録をしたときは、遅滞なく、その旨を申請者及び都道府県知事に通知しなければならない。

（登録の拒否）
第二十五条　国土交通大臣は、第二十二条第一項の登録を受けようとする者が次の各号のいずれかに該当するとき、又は第二十三条第一項の申請書若しくはその添付書類の内に重要な事項について虚偽の記載があり、若しくは重要な事実の記載が掛けているときは、その登録を拒否しなければならない。
一　成年被後見人又は被保佐人
二　破産手続開始の決定を受けて復権を得ない者
三　第四十二条第一項又は第四項の規定により登録を取り消され、その取消しの日から五年を経過しない者（当該登録を取り消された者が法人である場合にあっては、当該取消しの日前三十日以内に当該法人の役員であった者で当該取消しの日から五年を経過しないものを含む。）

四　禁錮以上の刑に処せられ、又はこの法律の規定により罰金の刑に処せられ、その執行を終わり、又は執行を受けることが無くなった日から起算して五年を経過しない者
五　暴力団員等
六　住宅宿泊管理業に関し不正又は不誠実な行為をするおそれがあると認めるに足りる相当の理由がある者として国土交通省令で定めるもの
七　営業に関し成年者と同一の行為能力を有しない未成年者でその法定代理人が全各号のいずれかに該当するもの
八　法人であって、その役員のうちに第一号から第六号までいずれかに該当する者があるもの
九　暴力団員等がその事業活動を支配する者
十　住宅宿泊管理業を遂行するために必要と認められる国土交通省令で定める基準に適合する財産的基礎を有しない者
十一　住宅宿泊管理業を適格に遂行するための必要な体制が整備されていない者として国土交通省令で定めるもの
2　国と交通大臣は、前項の規定により登録を拒否したときは、遅滞なく、その理由を示して、その旨を申請者に通知しなければならない。

（変更の届出等）
第二十六条　住宅宿泊管理業者は、第二十三条第一項各号に掲げる事項に変更があったときは、その日から三十日以内に、その旨を国土交通大臣に届け出なければならない。
2　国土交通大臣は、前項の規定による届出を受理したときは、当該届出に係る事項が前条第一項第七号又は第八号に該当する場合を除き、当該事項を住宅管理業者登録簿に登録しなければならない。
3　国土交通大臣は、前項の規定による登録をしたときは、遅滞なく、その旨を都道府県知事に通知しなければならない。
4　第二十三条第二項の規定は、第一項の規定による届出について準用する。

（住宅宿泊管理業者登録簿の閲覧）
第二十七条　国土交通大臣は、住宅宿泊管理業者登録簿を一般の閲覧に供しなければならない。

（廃業等の届出）
第二十八条　住宅宿泊管理業者が次の各号のいずれかに該当することとなったときは、当該各号に定める者は、国土交通省令で定めるところにより、その日（第一号の場合にあっては、その事実を知った日）から三十日以内に、その旨を国土交通大臣に届け出なければならない。

一　住宅宿泊管理業者である個人が死亡したとき　その相続人

二　住宅宿泊管理業者である法人が合併により消滅したとき　その法人を代表する役員であった者

三　住宅宿泊管理業者である法人が破産手続開始の決定により解散したとき　その破産管財人

四　住宅宿泊管理業者である法人が合併及び破産手続開始の決定以外の理由により解散したとき　その清算人

五　住宅宿泊管理業を廃止したとき　住宅宿泊管理業者であった個人又は住宅宿泊管理業者であった法人を代表する役員

2　住宅宿泊管理業者が前項各号のいずれかに該当することとなったときは、第二十二条第一項の登録は、その効力を失う。

第二節　業務

（業務処理の原則）

第二十九条　住宅宿泊管理業者は、信義を旨とし、誠実にその業務を行わなければならない。

（名義貸しの禁止）

第三十条　住宅宿泊管理業者は、自己の名義をもって、他人に住宅宿泊管理業を営ませてはならない。

（誇大広告等の禁止）

第三十一条　住宅宿泊管理業者は、その業に関して広告をするときは、住宅宿泊管理業者の責任に関するものその他の国土交通省令で定める事項について、著しく事実に相違する表示をし、又は実際のものよりも著しく優良であり、若しくは有利であると人を誤認させるような表示をしてはならない。

（不当な勧誘等の禁止）

第三十二条　住宅宿泊管理業者は、次に掲げる行為をしてはならない。

一　管理受託契約（住宅宿泊管理業務委託を受けることを内容とする契約をいう。以下同じ。）の締結の勧誘をするに際し、又はその解除を妨げるため、住宅宿泊管理業務を委託し、又は委託しようとする住宅宿泊事業者（以下「委託者」という。）に対し、当該管理受託契約に関する事項であって委託者の判断に影響を及ぼすこととなる重要なものにつき、故意に事実を告げず、又は不実のことを告げる行為

二　前号に掲げるもののほか、住宅宿泊管理業に関する行為であって、委託者の保護に欠ける者として国土交通省令で定めるもの

（管理受託契約の締結前の書面の交付）

第三十三条　住宅宿泊管理業者は、管理受託契約を締結しようとするときは、委託者（住宅宿泊管理業者である者を除く。）に対し、当該管理受託契約を締結するまでに、管理受託契約の内容及びその履行に関する事項であって国土交通省令で定めるものについて、書面を交付して説明しなければならない。

2　住宅宿泊管理業者は、前項の規定による書面の交付に代えて、政令で定めるところにより、委託者の承諾を得て、当該書面に記載すべき事項を電磁的方法（電子情報処理組織を使用する方法その他の情報通信の技術を利用する方法であって国土交通省令で定めるものをいう。第六十条第二項において同じ。）により提供することができる。この場合において、当該住宅宿泊管理業者は、当該書面を交付したものとみなす。

（管理受託契約の締結時の書面の交付）
第三十四条　住宅宿泊管理業者は、管理受託契約を締結したときは、委託者に対し、遅滞なく、次に掲げる事項を記載した書面を交付しなければならない。
一　住宅宿泊管理業務の対象となる届出住宅
二　住宅宿泊管理業務の実施方法
三　契約期間に関する事項
四　報酬に関する事項
五　契約の更新又は解除に関する定めがあるときは、その内容
六　その他国土交通省令で定める事項
2　前条第二項の規定は、前項の規定による書面の交付について準用する。

（住宅宿泊管理業務の再委託の禁止）
第三十五条　住宅宿泊管理業者は、住宅宿泊事業者から委託された住宅宿泊管理業務の全部を他の者に対して、再委託してはならない。

（住宅宿泊管理業務の実施）
第三十六条　第五条から第十条までの規定は、住宅宿泊管理業務の委託がされた届出住宅において住宅宿泊管理業を営む住宅宿泊管理業者について準用する。この場合において、第八条第一項中「届出住宅その他の国土交通省令・厚生労働省令で定める場所」とあるのは「当該住宅宿泊管理業者の営業所又は事務所」と、「都道府県知事」とあるのは「国土交通大臣又は都道府県知事」と読み替えるものとする。

（証明書の携帯等）
第三十七条　住宅宿泊管理業者は、国土交通省令で定めるところにより、その業務に従事する使用人その他の従業者に、その従業者であることを証する証明書を携帯させなければ、そのものをその業務に従事させてはならない。
2　住宅宿泊管理業者の使用人その他の従業者は、その業務を行うに際し、住宅宿泊事業者その他の関係者から請求があったときは、前項の証明書を提示しなければならない。

（帳簿の備付け等）
第三十八条　住宅宿泊管理業者は、国土交通省令で定めるところにより、その営業所又は事務所ごとに、その業務に関する帳簿を備え付け、届出住宅ごとに管理受託契約について契約年月日その他の国土交通省令で定める事項を記載し、これを保存しなければならない。

（標識の掲示）
第三十九条　住宅宿泊管理業者は、その営業所又は事務所ごとに、公衆の見やすい場所に、国土交通省令で定める様式の標識を掲げなければならない。

（住宅宿泊事業者への定期報告）
第四十条　住宅宿泊管理業者は、住宅宿泊管理業務の実施状況その他の国土交通省令で定める事項について国土交通省令で定めるところにより、定期的に、住宅宿泊事業者に報告しなければならない。

第三節　監督

（業務改善命令）
第四十一条　国土交通大臣は、住宅宿泊管理業の適正な運営を確保するため必要があると認めるときは、その必要の限度において、住宅宿泊管理業者に対し、業務の方法の変更その他の業務の運営の改善に必要な措置をとるべきことを命ずることができる。この場合において、国土交通大臣は、都道府県知事に対し、遅滞なく、当該命令をした旨を通知しなければならない。

2　都道府県知事は、住宅宿泊管理業（第三十六条において準用する第五条から第十条までの規定による無に限る。第四十五条第二項において同じ。）の適正な運営を確保するため必要があると認めるときは、その必要の限度において、住宅宿泊管理業者（当該都道府県の区域内において住宅宿泊管理業を営む者に限る。事業第二項及び第四十五条第二項において同じ。）に対し、業務の方法の変更その他の業務の運営の改善に必要な措置をとるべきことを命ずることができる。この場合において、都道府県知事は、国土交通大臣に対し、遅滞なく、当該命令をした旨を通知しなければならない。

（登録の取消し等）

第四十二条　国土交通大臣は、住宅宿泊管理業者が次の各号のいずれかに該当するときは、その登録を取消し、又は一年以内の期間を定めてその業務の全部若しくは一部の停止を命ずることができる。

一　第二十五条第一項各号（第三号を除く。）のいずれかに該当することとなったとき。

二　不正の手段により第二十二条第一項の登録を受けたとき。

三　その営む住宅宿泊管理業に関し法令又は前条第一項若しくはこの項の規定による命令に違反したとき。

四　都道府県知事から次項の規定による要請があったとき。

2　都道府県知事は、住宅宿泊管理業者が第三十六条において準用する第五条から第十条までの規定に違反したとき、又は前条第二項の規定による命令に違反したときは、国土交通大臣に対し、前項の規定による処分をすべき旨を要請することができる。

3　国土交通大臣は、第一項の規定による命令をしたときは、遅滞なく、その旨を都道府県知事に通知しなければならない。

4　国土交通大臣は、住宅宿泊管理業者が登録を受けてから一年以内に業務を開始せず、又は引き続き一年以上業務を行っていないと認めるときは、その登録を取り消すことができる。

5　第二十五条第二項の規定は、第一項又は前項の規定による処分をした場合について準用する。

（登録の抹消）

第四十三条　国土交通大臣は、第二十二条第二項若しくは第二十八条第二項の規定により登録がその効力を失ったとき、又は前条第一項若しくは第四項の規定により登録を取り消したときは、当該登録を抹消しなければならない。

2　第二十六条第三項の規定は、前項の規定による登録の抹消について準用する。

（監督処分等の公告）
第四十四条　国土交通大臣は、第四十二条第一項又は第四項の規定による処分をしたときは、国土交通省令で定めるところにより、その旨を公告しなければならない。

（報告徴収及び立入検査）
第四十五条　国土交通大臣は、住宅宿泊管理業の適正な運営を確保するため必要があると認めるときは、住宅宿泊管理業者に対し、その業務に関し報告を求め、又はその職員に、住宅宿泊管理業者の営業者、事務所その他の施設に立ち入り、その業務の状況若しくは設備、帳簿書類その他の物件を検査させ、若しくは関係者に質問させることができる。
2　都道府県知事は、住宅宿泊管理業の適正な運営を確保するため必要があると認めるときは、住宅宿泊管理業者に対し、その業務に関し報告を求め、又はその職員に、住宅宿泊管理業者の営業所、事務所その他の施設に立ち入り、その業務の状況若しくは設備、帳簿書類その他の物件を検査させ、若しくは関係者に質問させることができる。
3　第十七条第二項及び第三項の規定は、前第二項の規定による立入検査について準用する。

第四章　住宅宿泊仲介業

第一節

（登録）

第四十六条　観光庁長官の登録を受けた者は、旅行業法第三条の規定にかかわらず、住宅宿泊仲介業を営むことができる。

2　前項の登録は、五年ごとにその更新を受けなければ、その期間の経過によって、その効力を失う。

3　前項の更新の申請があった場合において、同項の期間（以下この項及び次項において「登録の有効期間」という。）の満了の日までにその申請に対する処分がされないときは、従前の登録は、登録の有効期間の満了後もその処分がされるまでの間は、なおその効力を有する。

4　前項の場合において、登録の更新がされたときは、その登録の有効期間は、従前の登録の有効期間の満了の日の翌日から起算するものとする。

5　第一項の登録を受けようとする者は、登録免許税法の定めるところにより登録免許税を、第二項の登録の更新を受けようとする者は、政令の定めるところにより手数料を、それぞれ納めなければならない。

（登録の申請）
第四十七条　前条第一項の登録（同条第二項の登録の更新を含む。以下この章及び第七十二条第二号において同じ。）を受けようとする者は、次に掲げる事項を記載した申請書を観光庁長官に提出しなければならない。
一　商号、名称又は氏名及び住所
二　法人である場合においては、その役員の氏名
三　未成年者である場合においては、その法定代理人の氏名及び住所（法定代理人が法人である場合にあっては、その商号又は名称及び住所並びにその役員の氏名）
四　営業所又は事務所の名称及び所在地
2　前項の申請書には、前条の第一項の登録を受けようとする者が第四十九条第一項各号のいずれにも該当しないことを誓約する書面その他の国土交通省令で定める書類を添付しなければならない。

（登録簿への記載等）
第四十八条　観光庁長官は、前条第一項の規定による登録の申請があったときは、次条第一項の規定により登録を拒否する場合を除き、次に掲げる次項を住宅宿泊仲介業者登録簿に登録しなければならない。
一　前条第一項各号に掲げる事項
二　登録年月日及び登録番号

2　観光庁長官は、前項の規定による登録をしたときは、遅滞なく、その旨を申請者に通知しなければならない。

（登録の拒否）

第四十九条　観光庁長官は、第四十六条第一項の登録を受けようとする者が次の各号のいずれかに該当するとき、又は第四十七条第一項の申請書若しくはその添付書類の内に重要な事項について虚偽の記載があり、若しくは重要な事実の記載が欠けているときは、その登録を拒否しなければならない。

一　成年被後見人若しくは被保佐人又は外国の法令上これらと同様に取り扱われている者

二　破産手続開始の決定を受けて復権を得ない者又は外国の法令上これと同様に取り扱われている者

三　第六十二条第一項若しくは第二項又は第六十三条第一項若しくは第二項の規定により登録を取り消され、その取消しの日から五年を経過しない者（当該登録を取り消された者が法人である場合にあっては、当該取消しの日前三十日以内に当該法人の役員であった者で当該取消しの日から五年を経過しないものを含む。）

四　禁錮以上の刑（これに相当する外国の法令による刑を含む。）に処せられ、又はこの法律若しくは旅行業法若しくはこれらに相当する外国の法令の規定により罰金の刑（これに相当する外国の法令による刑を含む。）に処せられ、その執行を終わり、又は執行を受けることが無くなった日から起算して五年を経過しない者

五　暴力団員等

六　住宅宿泊仲介業に関し不正又は不誠実な行為をするおそれがあると認めるに足りる相当の理由がある者

として国土交通省令で定めるもの
七　営業に関し成年者と同一の行為能力を有しない未成年者でその法定代理人が前各号のいずれかに該当するもの
八　法人であって、その役員のうちに第一号から第六号のいずれかに該当する者があるもの
九　暴力団員等がその事業活動を支配する者
十　住宅宿泊仲介業を遂行するために必要と認められる国土交通省令で定める基準に適合する財産的基礎を有しない者
十一　住宅宿泊仲介業を適格に遂行するための必要な体制が整備されていない者として国土交通省令で定めるもの

2　観光庁長官は、前項の規定により登録を拒否したときは、遅滞なく、その理由を示して、その旨を申請者に通知しなければならない。

（変更の届出等）
第五十条　住宅宿泊仲介業者は、第四十七条第一項各号に掲げる事項に変更があったときは、その日から三十日以内に、その旨を観光庁長官に届け出なければならない。
2　観光庁長官は、前項の規定による届出を受理したときは、当該届出に係る事項が前条第一項第七号又は

第八号に該当する場合を除き、当該事項を住宅宿泊仲介業者登録簿に登録しなければならない。

3　第四十七条第二項の規定は、第一項の規定による届出について準用する。

（住宅宿泊仲介業者登録簿の閲覧）

第五十一条　観光庁長官は、住宅宿泊仲介業者登録簿を一般の閲覧に供しなければならない。

（廃業等の届出）

第五十二条　住宅宿泊仲介業者が次の各号のいずれかに該当することとなったときは、当該各号に定める者は、国土交通省令で定めるところにより、その日（第一号の場合にあっては、その事実を知った日）から三十日以内に、その旨を観光庁長官に届け出なければならない。

一　住宅宿泊仲介業者である個人が死亡したとき　その相続人

二　住宅宿泊仲介業者である法人が合併により消滅したとき　その法人を代表する役員であった者

三　住宅宿泊仲介業者である法人が破産手続開始の決定により解散したとき　その破産管財人

四　住宅宿泊仲介業者である法人が合併及び破産手続開始の決定以外の理由により解散したとき　その清算人

五　住宅宿泊仲介業を廃止したとき　住宅宿泊仲介業者であった個人又は住宅宿泊仲介業者であった法人を代表する役員

2　住宅宿泊仲介業者が前項各号のいずれかに該当することとなったときは第四十六条第一項の登録は、その効力を失う。

第二節　業務

（業務処理の原則）
第五十三条　住宅宿泊仲介業者は、信義を旨とし、誠実にその業務を行わなければならない。

（名義貸しの禁止）
第五十四条　住宅宿泊仲介業者は、自己の名義をもって、他人に住宅宿泊仲介業を営ませてはならない。

（住宅宿泊仲介業約款）
第五十五条　住宅宿泊仲介業者は、宿泊者と締結する住宅宿泊仲介業務に関する契約（第五十七条第一号及び第五十九条第一項において「住宅宿泊仲介契約」という。）に関し、住宅宿泊仲介業約款を定め、その実施前に、観光庁長官に届け出なければならない。これを変更しようとするときも、同様とする。

2　観光庁長官は、前項の住宅宿泊仲介業約款が次の各号のいずれかに該当すると認めるときは、当該住宅宿泊仲介業者に対し、相当の期限を定めて、その住宅宿泊仲介業約款を変更すべき事を命ずることができる。
一　宿泊者の正当な利益を害する恐れがあるものであるとき。

二　住宅宿泊仲介業務に関する料金その他の宿泊者との取引に掛かる金銭の収受及び払い戻しに関する事項並びに住宅宿泊仲介業者の責任に関する事項が明確に定められていないとき。

3　観光庁長官が標準住宅宿泊仲介業約款を定めて公示した場合（これを変更して公示した場合を含む。）において、住宅宿泊仲介業者が、標準住宅宿泊仲介業約款と同一の住宅宿泊仲介業約款を定め、又は現に定めている住宅宿泊仲介業約款を標準住宅宿泊仲介業約款と同一のものに変更したときは、その住宅宿泊仲介業約款については、第一項の規定による届出をしたものとみなす。

4　住宅宿泊仲介業者は、国土交通省令で定めるところにより、住宅宿泊仲介業約款を公示しなければならない。

（住宅宿泊仲介業務に関する料金の公示等）

第五十六条　住宅宿泊仲介業者は、その業務の開始前に、国土交通省令で定める基準に従い、宿泊者及び住宅宿泊業者から収受する住宅宿泊仲介業務に関する料金を定め、国土交通省令で定めるところにより、これを公示しなければならない。これを変更しようとするときも、同様とする。

2　住宅宿泊仲介業者は、前項の規定により公示した料金を超えて料金を収受する行為をしてはならない。

（不当な勧誘等の禁止）

第五十七条　住宅宿泊仲介業者は、次に掲げる行為をしてはならない。

一　住宅宿泊仲介契約の締結の勧誘をするに際し、又はその解除を妨げるため、宿泊者に対し、当該住宅宿泊仲介契約に関する事項であって宿泊者の判断に影響を及ぼすこととなる重要なものにつき、故意に事実を告げず、又は不実のことを告げる行為

二　前号に掲げるもののほか、住宅宿泊仲介業に関する行為であって、宿泊者の保護に欠けるものとして国土交通省令で定めるもの

（違法行為のあっせん等の禁止）

第五十八条　住宅宿泊仲介業者又はその代理人、使用人その他の従業者は、その行う住宅宿泊仲介業に関連して、次に掲げる行為をしてはならない。

一　宿泊者に対し、法令に違反する行為を行うことをあっせんし、又はその行為を行うことに関し便宜を供与すること

二　宿泊者に対し、法令に違反するサービスの提供を受けることをあっせんし、又はその提供を受けることに関し便宜を供与すること。

三　前二号のあっせん又は便宜の供与を行う旨の広告をし、又はこれに類する広告をすること。

四　前三号に掲げるもののほか、宿泊者の保護に欠け、又は住宅宿泊仲介業の信用を失墜させる者として国土交通省令で定める行為

（住宅宿泊仲介契約の締結前の書面の交付）

第五十九条　住宅宿泊仲介業者は、住宅宿泊仲介契約を締結しようとするときは、宿泊者に対し、当該住宅宿泊仲介契約を締結するまでに、住宅宿泊仲介契約の内容及びその履行に関する事項であって国土交通省令で定めるものについて、書面を交付して説明しなければならない。

2　前三十三条第二項の規定は、宿泊者に対する前項の規定による書面の交付について準用する。

（標識の掲示）

第六十条　住宅宿泊仲介業者は、その営業所又は事務所ごとに、公衆の見やすい場所に、国土交通省令で定める様式の標識を掲げなければならない。

2　住宅宿泊仲介業者は、国土交通省令で定めるところにより、登録年月日、登録番号その他の国土交通省令で定める事項を電磁的方法により公示することができる。この場合においては、前項の規定は、適用しない。

第三節　監督

（業務改善命令）

第六十一条　観光庁長官は、住宅宿泊仲介業の適正な運営を確保するため必要があると認めるときは、その必要の限度において、住宅宿泊仲介業者（国内に住所若しくは居所を有しない自然人又は国内に主たる事務所を有しない法人その他の団体であって、外国において住宅宿泊仲介業を営む者（以下「外国住宅宿泊仲介業者」という。）を除く。以下同じ。）に対し、業務の方法の変更その他業務の運営の改善に必要な措置をとるべき事を命ずることができる。

2　前項の規定は、外国住宅宿泊仲介業者について準用する。この場合において、同項中「命ずる」とあるのは、「請求する」と読み替えるものとする。

（登録の取消し等）

第六十二条　観光庁長官は、住宅宿泊仲介業者が次の各号のいずれかに該当するときは、その登録を取り消し、又は一年以内の期間を定めてその業務の全部若しくは一部の停止を命ずることができる。

一　第四十九条第一項各号（第三号を除く。）のいずれかに該当することとなったとき。

二　不正の手段により第四十六条第一項の登録を受けたとき。

三　その営む住宅宿泊仲介業に関し法令又は前条第一項若しくはこの項の規定による命令に違反したとき。

2　観光庁長官は、住宅宿泊仲介業者が登録を受けてから一年以内に業務を開始せず、又は引き続き一年以上業務を行っていないと認めるときは、その登録を取り消すことができる。

3　第四十九条第二項の規定は、前二項の規定による処分をした場合について準用する。

第六十三条　観光庁長官は、外国住宅宿泊仲介業者が次の各号のいずれかに該当するときは、その登録を取り消し、又は一年以内の期間を定めてその業務の全部若しくは一部の停止を請求することができる。
一　前条第一項第一号又は第二号に該当するとき。
二　その営む住宅宿泊仲介業に関し法令に違反したとき。
三　第六十一条第二項において読み替えて準用する同条第一項又はこの項の規定による請求に応じなかったとき。
四　観光庁長官が、住宅宿泊仲介業の適正な運営を確保するため必要があると認めて、外国住宅宿泊仲介業者に対し、その業務に関し報告を求め、又はその職員に、外国住宅宿泊仲介業者の営業所若しくは事務所に立ち入り、その業務の状況若しくは帳簿書類その他の物件を検査させ、若しくは関係者に質問させようとした場合において、その報告がされず、若しくは虚偽の報告がされ、又はその検査が拒まれ、妨げられ、若しくは忌避され、若しくはその質問に対して答弁がされず、若しくは虚偽の答弁がされたとき。
2　観光庁長官は、外国住宅宿泊仲介業者が登録を受けてから一年以内に業務を開始せず、又は引き続き一年以上業務を行っていないと認めるときは、その登録を取り消すことができる。
3　第四十九条第二項の規定は、前二項の規定による登録の取消し又は第一項の規定による魚無の停止の請求をした場合について準用する。

（登録の抹消）

第六十四条　観光庁長官は、第四十六条第二項若しくは第五十二条第二項の規定により登録がその効力を失ったとき、又は第六十二条第一項若しくは第二項若しくは前条第一項若しくは第二項の規定により登録を取り消したときは、当該登録を抹消しなければならない。

（監督処分等の公告）

第六十五条　観光庁長官は、次の各号のいずれかに該当するときは、高度交通省令で定めるところにより、その旨を公告しなければならない。

一　第六十二条第一項又は第二項の規定による処分をしたとき。

二　第六十三条第一項若しくは第二項の規定による登録の取消し又は同条第一項の規定による業務の停止の請求をしたとき。

（報告徴収及び立入検査）

第六十六条　観光庁長官は、住宅宿泊仲介業の適正な運営を確保するため必要があると認めるときは、住宅宿泊仲介業者に対し、その業務に関し報告を求め、又はその職員に、住宅宿泊仲介業者の営業所若しくは事務所に立ち入り、その業務の状況若しくは帳簿書類その他の物件を検査させ、若しくは関係者に質問させることができる。

2　第十七条第二項及び第三項の規定は、前項の規定による立入検査について準用する。

第四節　旅行業法の特例

第六十七条　旅行業者が旅行業放題に条第一項第四号に掲げる旅行業務（同条第三項に規定する旅行業務をいう。）として第二条第八項第二号に掲げる行為を取り扱う場合における同法第十二条第一項の規定の適用については、同項中「旅行者」とあるのは、「旅行者及び住宅宿泊事業法（平成二十九年法律第号）第二条第四項に規定する住宅宿泊事業者」とする。

第五章　雑則

（保健所設置市等及びその長による住宅宿泊事業等関係行政事務の処理）

第六十八条　保健所設置市等及びその長は、当該保健所設置市等の区域内において、都道府県及び都道府県知事に代わって住宅宿泊事業等関係行政事務（第二章（第三条第七項を除く。）及び第三章の規定に基づく事務であって都道府県又は都道府県知事が処理することとされているものをいう。以下この条において同じ。）を処理することができる。

2　前項の規定により保健所設置市等及びその長が住宅宿泊事業等関係行政事務を処理しようとするときは、当該保健所設置市等の長は、あらかじめ、これを処理することについて、都道府県知事と協議しなければならない。

3　前項の規定による競技をした保健所設置市等の長は、住宅宿泊事業等関係行政事務の処理を開始する三十日前までに、国土交通省令・厚生労働省令で定めるところにより、その旨を公示しなければならない。

（権限の委任）

第六十九条　この法律に規定する国土交通大臣の権限は、国土交通省令で定めるところにより、その一部を地方支分部局の長に委任することができる。

（省令への委任）

第七十条　この法律に定めるもののほか、この法律の実施のため必要な事項は、国土交通省令・厚生労働省令、国土交通省令又は厚生労働省令で定める。

（経過措置）

第七十一条　この法律に基づき命令を制定し、又は改廃する場合においては、その命令で、その制定又は改廃に伴い合理的に必要と判断される範囲内において、所要の経過措置（罰則に関する経過措置を含む。）を定めることができる。

第六章　罰則

第七十二条　次の各号のいずれかに該当する者は、一年以下の懲役若しくは百万円以下の罰金に処し、又はこれを併科する。

一　第二十二条第一項の規定に違反して、住宅宿泊管理業を営んだ者

二　不正の手段により第二十二条第一項又は第四十六条第一項の登録を受けた者

三　第三十条又は第五十四条の規定に違反して、他人に住宅宿泊管理業又は住宅宿泊仲介業を営ませた者

第七十三条　次の各号のいずれかに該当する者は、六月以下の懲役若しくは百万円以下の罰金に処し、又はこれを併科する。

一　第三条第一項の届出をする場合において虚偽の届出をした者

二　第十六条第一項又は第二項の規定による命令に違反した者

第七十四条　第四十二条第一項又は第六十二条第一項の規定による命令に違反した者は、六月以下の懲役若しくは五十万円以下の罰金に処し、又はこれを併科する。

第七十五条　第十一条第一項又は第十二条の規定に違反をした者は、五十万円以下の罰金に処する。

第七十六条　次の各号のいずれかに該当する者は、三十万円以下の罰金に処する。

一　第三条第四項、第二十六条第一項、第五十条第一項又は第五十五条第一項の規定による届出をせず、又は虚偽の届出をした者
二　第八条第一項（第三十六条において準用する場合を含む。）、第十三条、第三十七条第一項若しくは第二項、第三十九条又は第六十条第一項の規定に違反した者
三　第十四条の規定による報告をせず、又は虚偽の報告をした者
四　第十五条、第四十一条第一項若しくは第二項、第五十五条第二項又は第六十一条第一項の規定による命令に違反した者
五　第十七条第一項、第四十五条第一項若しくは第二項若しくは第六十六条第一項の規定による報告をせず、若しくは虚偽の報告をし、又はこれらのキテによる検査を拒み、妨げ、若しくは忌避し、若しくは、これらのキテによる質問に対して答弁せず、若しくは虚偽の答弁をした者
六　第三十一条の規定に違反して、著しく事実に相違する表示をし、又は実際のものよりも著しく優良であり、若しくは有利であると人を誤認させるような表示をした者
七　第三十二条（第一号に掛かる部分に限る。）又は第五十七条（第一号に掛かる部分に限る。）の規定に違反して、故意に事実を告げず、又は不実のことを告げた者
八　第三十八条に規定に違反して、帳簿を備え付けず、帳簿に記載せず、若しくは帳簿に虚偽の記載をし、又は帳簿を保存しなかった者
九　第五十五条第四項の規定に違反して、住宅宿泊仲介業約款を公示しなかった者
十　第五十六条第一項の規定に違反して、料金を公示しなかった者

十一　第五十六条第二項の規定に違反して、同条第一項の規定により公示した料金を超えて料金を収受した者

第七十七条　第八条第二項（第三十六条において準用する場合を含む。）の規定に違反して、第八条第一項の国土交通省令・厚生労働省令で定める事項を偽って告げた者は、これを拘留又は科料に処する。

第七十八条　法人の代表者又は法人若しくは人の代理人、使用人その他の従業者が、その法人又は人の業務に関し、第七十二条から第七十六条までの違反行為をしたときは、行為者を罰するほか、その法人又は人に対して各本条の罰金刑を科する。

第七十九条　第三条第六項、第二十八条第一項又は第五十二条第一項の規定による届出をせず、又は虚偽の届出をした者は、二十万円以下の科料に処する。

附則

（施行期日）

第一条　この法律は、公布の日から起算して一年を超えない範囲内において制令で定める日から施行する。ただし、次条及び附則第三条の規定は、公布の日から起算して九月を越えない範囲内において政令で定める日から施行する。

（準備行為）
第二条　住宅宿泊事業を営もうとする者は、この法律の施行前においても、第三条第二項及び第三項の規定の例により、都道府県知事に届出をすることができる。この場合において、その届出をした者は、この法律の施行の日において第三条第一項の届出をしたものとみなす。
2　第二十二条第一項又は第四十六条第一項の登録を受けようとする者は、この法律の施行前においても、第二十三条又は第四十七条の規定の例により、その申請を行うことができる。

（政令への委任）
第三条　前条に定めるもののほか、この法律の施行に関し必要な経過措置は、制令で定める。

（検討）
第四条　政府は、この法律の施行後三年を経過した場合において、この法律の施行の状況について検討を加え、必要であると認めるときは、その結果に基づいて必要な措置を講ずるものとする。

（風俗営業等の規制及び業務の適正化等に関する法律の一部改正）
第五条　風増区営業等の規制及び業務の適正化等に関する法律（昭和二十三年法律第百二十二号）の一部を次のように改正する。

第三十条第三項中「又は旅館業」を「旅館料」に、「について」を「又は住宅宿泊事業（住宅宿泊事業法（平成二十九年法律第○○○号）第三条第一項の届出をして営む事業をいう。以下同じ。）について」に改める。

第四十二条中「若しくは旅館業」を「旅館業若しくは住宅宿泊事業」に改める。

（登録免許税法の一部改正）

第六条　登録免許税法の一部を次のように改正する。

別表宇第一第百四十二号の二の次に次のように加える。

百四十二の三　住宅宿泊管理業者又は住宅宿泊仲介業者の登録

（一）住宅宿泊事業法（平成二十九年法律第○○○号）第二十二条第一項（登録）の住宅宿泊管理業者の登録（更新の登録を除く。）　登録件数　一件につき九万円

（二）住宅宿泊事業法第四十六条第一項（登録）の住宅宿泊仲介業者の登録（更新の登録を除く。）　登録件数　一件につき九万円

理由

我が国における観光旅客の宿泊をめぐる状況に鑑み、住宅宿泊事業を営む者に係る届出制度並びに住宅宿泊管理業を営む者及び住宅宿泊仲介業を営む者に係る登録制度を設ける等の措置を講ずることにより、これらの事業を営む者の業務の適切な運営を確保しつつ、国内外からの観光旅客の宿泊に対する需要に適格に対

応してこれらの者の来訪及び滞在を促進し、もって国民生活の安定向上及び国民経済の発展に寄与する必要がある。これが、この法律案を提出する理由である。

本を書くきっかけをつくってくれた中本繁実氏の紹介

長崎県西海市出身の中本氏と知り合ったのは、長崎県人クラブです。会員デーの会合で、名刺交換をしました。名刺が四つ折りで、印象に残る名刺でした。一度で覚えました。

長崎県人クラブは、長崎にゆかりのある方々が会員となり、親睦や情報交換などいろいろな活動を行なっている民間の団体です。事務所（〒160―0004　東京都新宿区四谷1―10―2　長崎県東京産業支援センター412）は、四ツ谷駅の近くです。

中本氏は、現在、発明学会の会長で、本を50冊以上も書いている人です。

発明学会（会員組織）は、発明のまとめ方や企業に売り込み方など、町の発明家が創作した作品を製品にできるように、応援をしている団体です。

大学でも講師（非常勤）をしています。とにかく、忙しい人です。それでも、年に1～3冊は書いているそうです。

その中本氏が会うたびに、本を書きなさい、というのです。それで、まとめたのが、この本です。遅筆の私が悪戦苦闘しながら、まとめました。記念の一冊です。内容も興味があるテーマだと思います。ぜひ、手に取って、読んでいただきたいと思います。
よろしくお願いいたします。

おわりに

以上、縷々（るる）見てきましたが、空家対策特措法は、まだ、生まれたばかりです。読者におかれましては、現在、漫然と空き家を放置している時間はない。いま、利・活用の必要性に目覚めていただきたい。ということをあらためて申し述べたいのです。つまり、そのための諸法規をクリアにした上での空き家の利・活用を通じて日本経済活性化の一助となりましょう！

本書中でも触れましたが、考えれば〝打開策〟は必ずあります。〝考え〟なければ、日本全体が沈みますよ。私が申し上げたいのは、結局、東京一極集中ではダメで、既存の建物、地域、社会を大切にしたい、ということなのです。

日本を何とか元気にしましょうよ！

ご一読いただき、ありがとうございました。

玉木賢明法律事務所
所長　弁護士　玉木賢明

〒１６０－０００４
東京都新宿区四谷１－９　有明家ビル３階
ＴＥＬ（０３）３３５８－１５１０
ＦＡＸ（０３）３３５８－１５２２
e-mail：tamaki.law@aurora.ocn.ne.jp

【主に取り扱っている業務】

・知的財産権（特許権・著作権・商標権・意匠権等）
・国際契約周辺事務
・独禁法事務
・民・商事トラブルの訴訟事務一般

著者紹介

玉木賢明（たまき・よしあき）

長崎県諫早市生まれ。一橋大学卒、平成元年弁護士登録。

現在、東京都新宿区四谷１－９有明家ビル３階にて、玉木賢明法律事務所経営。

これまで関与した著作物：『製造物責任』（第一法規出版）、その他、雑誌等への寄稿多数。

また、平成２７年、杉並区高円寺南２－１９－５にて有志と共に「一般社団法人全国空き家相談士協会」を立ち上げ、その副会長に就任し現在に至る。

ちなみに同協会は定期的に空き家相談士の認定セミナーを開催しており、資格を授与している。有資格者が増え、同資格の認知度が上がれば、ひいては日本の再生に大きく貢献できると期待される。

空《あ》き家対策《やたいさく》の処方箋《しょほうせん》

2017年10月17日　第1刷発行

著　者　玉木賢明《たまきよしあき》
編　者　玉木税務法律事務所
監修者　一般社団法人発明学会会長　中本繁実
発行者　落合英秋
発行所　株式会社 日本地域社会研究所
〒167-0043　東京都杉並区上荻 1-25-1
TEL　(03)5397-1231(代表)
FAX　(03)5397-1237
メールアドレス　tps@n-chiken.com
ホームページ　http://www.n-chiken.com
郵便振替口座　00150-1-41143
印刷所　モリモト印刷株式会社

ISBN978-4-89022-201-8